新装分冊版

［実践版］

ヒマラヤ聖者への道

1

時空を超越する人々

ベアード・スポールディング著
成瀬雅春訳

ヒカルランド

人間は本来無限であり、
時間・空間・制約のない存在です。
現存のマスターたちの多くは、５００歳を超えています。
マスターたちは、食料・衣類・金銭をはじめ、
日常の生活必需品を普遍なるものから得ていて、
今日まで、死も克服しています。

हिमशैलसिद्धानां जीविकोपदेश

マスターたちは思念伝達
（テレパシー、電気や無線よりもはるかに精妙な力）によって、
瞬間的に相互の意思疎通ができます。

火の海を切り抜けるには、
肉体の波動を火事の波動よりも高める。
神のより高き法則が真に必要になったとき、
低次元の法則を
神の高次元の法則に置き換えることはたやすいのです。
この法則を使って、
自分の肉体をいかなる空間にも持っていくことができます。
これが、私たちが現れたり消えたりする、
皆さんの言葉でいえば、
空間を超越する際に使う法則です。

人間は自らの想念の力で
二つのものを造り上げてしまいました。
善と、その反対である悪です。
注目すれば、注目したものが表出および実現されるという、
人間に本来備わっている
完全なパワーで悪を見つめることによって、
悪が造り出されてしまったのです。
もし人間が悪を見なければ、
悪は出現の力を与えられなかったでしょう。

ुमशैलसिद्धानां जीविकोपदेशाः

私の表現するものは、忠実に私に返ってきます。
したがって、私は善のみを表現します。
そうすれば、善のみが私に返ってきます。
私が善を表現すれば、私は永遠に私の善果を収穫します。

催眠術は一つしかありません。
それは、人間には神の完全なる御業《みわざ》を自ら成して
自分の欲する事物を
創造できないと信じ込む自己催眠だけです。

人間は自分自身で考える通りの有限でもあれば無限でもあり、
束縛の身でもあれば、自由の身でもあります。

エミール師と私――「自己催眠という呪縛からの解放」

成瀬雅春

私が本書を初めて目にしたのは、確か1976年ごろのことです。当時ヨーガ修行に燃えていた私は、本書から数々の刺激を受けました。巡り巡って今回監修させていただくことになったのは、不思議なご縁です。

本書に登場する数々の奇跡は、ヨーガ修行をしている私には、ごくごく当然のことだと認識しています。ヨーガ行者は修行によって、シッディ（超常的能力）を得ることができます。ただし、そういった超常的能力が身についたとしたら、そこから気を付けなければなりません。

なぜなら超能力者、霊能者、教祖という方向に向かう危険性が生じるからです。超能力者を目指している人は、そういう能力がつけば成功ということになると思うかもしれません。その、身につけた能力はあくまでも「超能力」なのです。

そうすると、「超能力者になってしまう」のです。それは霊能者も教祖も同じです。「霊能者になってしまう」「教祖になってしまう」のです。そして、そういう人は、そこを目指していたので、そうなって満足することになります。

つまり、超能力者を目指して身についた能力は、「超能力」であって「常能力」ではないのです。そこが大きな問題点なのです。ヨーガ行者は「超能力者」を目指してはいません。だから、超能力が身についても、その能力に執着しません。それは、普通の能力＝常能力だという理解をするからです。

そういう理解をすると、その能力からさらに先へ進めるのです。つまり、超能力者にならず、霊能者にならず、教祖にならず、もっと高みへ向かえるのです。

本書にたびたび登場する奇跡的な能力を、エミール師は「誰にでもできることです」と言っています。

その言葉は私にはよく理解できます。そういう奇跡的な能力を超能力ではなく、普通のことだと思えるようになれば誰にでもできます、とエミール師は言っているのです。

どんな奇跡的な能力でも、常に使えればそれは、常能力なのです。

ヨーガの目的はムクティ（解脱）です。ヨーガを実践する人の目的は、別にムクティである必要はありません。たとえば美容目的でも、健康目的でも構いません。どんな目的でも、ヨーガを実践していれば、それなりの効果が得られます。だから、世界的にヨーガが流行っているのです。

一時期、日本中を震撼《しんかん》とさせる事件を起こした団体が、解脱《げだつ》という言葉を使っていたことで、「解脱」は危険な言葉のような印象を日本中に与えてしまいました。しかし解脱は、とても深くて素晴らしい言葉なのです。人間としてのあらゆる勉強を終えて、再び生まれ変わってこないことを指します。つまり、人間を卒業すると解脱できるということです。

――ということは、本来人間として生まれたら、すべての人が最終的には「解脱」に至るルートをたどるのです。そこには、人間は生まれ変わりを繰り返す＝サンサーラ（輪廻）という考え方がベースにあります。その輪廻の輪から抜け出すことを、解脱というのです。

私も含めてヨーガ行者は、その解脱に向けて修行を積み重ねています。解脱＝人間卒業には、どんな資格が必要なのかというと、「自分自身を知り尽くす」ということです。たとえば大学の規定単位をすべて修得すれば卒業できるようなものです。そのためには、何年間か通い（何回か生まれ変わり）、単位を修める（人間勉強をする）のです。自分を知るためには、自分を見つめる必要があります。そのために瞑想をし、ヨーガで肉体を操作するのです。

そういう修行を積み重ねていると、自分をコントロールするという意味での、コントロール能力が得られます。

私のヨーガ修行は「人間って面白い」「自分って何なんだろう?」「身体を動かすというのはすごく興味深い」「自分の身体の中には、面白すぎるぐらい遊び道具が詰まっている」などのことを、幼少のころに考え出したことから始まりました。

片足で立ってバランスを取ると面白い。両腕で身体を支えるのは長く続けられないなあ……。

という具合にいろいろな身体操作をしていたら、それがそのままヨーガのポーズだったというのは、後年知りました。だから、どこかのヨーガ教室に入って始めたのではないし、何歳からヨーガを始めたというのは判りません。自分の身体と遊んでいたら、それがヨーガだったというだけです。

しかし、本来ヨーガの起源をたどれば、同じようなことだと思います。生まれたばかりの赤ちゃんは歩けません。しかしつかまり立ちから徐々に歩けるようになり、走れるようになるということは、誰かに教えられなくても自然に身につきます。

ヨーガであっても瞑想であっても、いずれも生きていくうえで必要だから生まれたものです。この「必要」というのは重要な要素です。ヒマラヤ聖者が身につけている数々の奇跡は、すべて「必要」だからできるのです。単に人を驚かすために水上歩行をしようとすると、必ず失敗します。


インド人ヨーガ行者の失敗談を紹介します。

あるヨーガ行者が、ヒマラヤで修行を積み重ねて「水上歩行」ができるようになったので、町へ出て、ガンジス河の畔《ほとり》に人を集めました。これから、この河を歩いて渡ると言って、水の上に一歩踏み出しました。すると、見事に河に落ちてしまったのです。

ここまでの話だと、単に頭のおかしい人間とか、はったりだとか、売名行為だということになります。しかしこの話には続きがあります。

この行者は、数か月後にまた同じガンジス河の畔へ来て、人を集めて水上歩行をするというのです。結果は当然のことですが、失敗してすごすごとヒマラヤへ帰って行ったのです。

この二度目の話で私は、この行者は水上歩行ができるのだな、と判りました。なぜなら、できもしないのに同じ場所に来て、同じ人たちを集めて、同じ失敗を繰り返すはずがないと思うからです。

つまり、彼はヒマラヤでは水上歩行ができていて、それを町に出て大勢の前で披露しようとしたら、失敗したのです。ところが、ヒマラヤに戻ってやってみると、やはり水上歩行ができるので、町で失敗したのはたまたまなのだろうと考えて、再度挑戦したのです。

しかし、この行者はおそらく三度目の挑戦はしないでしょう。

この失敗した二回の原因は、はっきりしています。「必要」がなかったからです。そのガンジス河には橋が架かっていて、そちらを渡ることができるので、何も水の上を歩く必要がなかったから失敗したのです。さらに、人に見せようとしたことも失敗の原因です。

私も、空中浮揚やルンゴム（空中歩行）などのテクニックを30年ほど前から実践していました。心臓の鼓動を止める技法やシャクティチャーラニー・ムドラー（クンダリーニ覚醒技法）なども独学で体得しました。とくに、坐ったまま床から1メートル以上浮き上がる空中浮揚に関しては、テレビ局やいろいろな人から「見せてほしい」ということを何度も言われました。

しかし、一度もそういう要望に応えて見せたことはありません。なぜなら、そうして見せようとすれば、必ず失敗するのは判っていたからです。たまたま「見られてしまった」ということはあります。しかし、こちらから率先して見せようとするべきではないのです。

さて、私とエミール師とのことについて話します。

エミール師の存在は『ヒマラヤ聖者の生活探究』を通して知りました。――が、それとは別にエミール師の存在を気づかせてくれたのが、ルルイ大聖でした。

1984年1月25日に初めてシャンバラのルルイ大聖からコンタクトがありました。ルルイ大聖は、私の瞑想の中で現れた存在です。3年間ほどルルイ大聖とのコンタクトが続いたのですが、そのルルイ大聖とつながった裏には、エミール師の働きかけがあったようなのです。

私に五つの修行法を伝えるべく現れた存在がルルイ大聖なのですが、エミールという名称でコンタクトを取ると、すでに本書を読んでいた私はピュアな状態でその情報を受け取りにくくなるので、ルルイという名称でアプローチしてきたのです。

そういう縁があったので、今回『ヒマラヤ聖者への道』の出版に関わることになったのだと思います。――ということは、この出版もエミール師の配慮の賜物《たまもの》だと思われます。

ルルイ大聖と私のことについて興味のある方は、拙著『シャンバラからの伝言』（中央アート出版社）を参照してください。

ルルイ大聖にしてもエミール師にしても、肉体をもった人間より精妙な存在、という理解をしてください。そういう存在は肉体を持っても存在できるし、持たなくても存在できるのです。だから、２００歳、３００歳という年齢が可能なのです。

そういった存在とコンタクトしたり、そういう存在になったりする役割をもった人がいます。私もその一人だと思います。そういう人は選ばれた人かというと、私はそうは思いません。選ばれた人でもエリートでもなく、そういう道を自分で選んだというだけのことです。

ここが重要な部分です。

本書を読んで、「どこかにこういう人がいるのかな?」とか「へえ、世の中にはこんな人もいるんだ」と感心するのではなく、あなたもそういう人になるべきなのです。人はどんな人生を歩もうが、いずれは霊性を高めることになるのです。そのことに気づくのが早いか遅いかだけの違いで、私は比較的早かっただけのことです。

本書の読者と私、そして本書の読者とエミール師には、何一つ違いはないのです。人間として生まれ、人間として生きて、人間として生涯を終える。もし、違いがあるとすれば、その生涯のどこかで、「霊性を高める必要がある」ことに気づいたことぐらいです。

そして「霊性を高める」とはどういうことなのか? どうすれば高められるのか? を見つけられない人が多いのだろうと推測されます。

エミール師と私の答えは若干違うかもしれません。

私が答えられるのは、「自分自身を知ること」です。霊性を高めようにも、そもそも霊性なるものが、自分自身の中にあることを見つけなければ始まりません。

だから、自分自身を見つめ、自分自身を知り尽くそうとする必要があるのです。その自分を見据える洞察力が養われると、自分に内在する霊性の存在が浮き彫りになってくるのです。

その結果、霊性を高めることができるようになるのです。

そして、私が実践していて、読者の皆様にお勧めするのが「ヨーガ」です。なぜならヨーガは、徹底的に自分自身を知るためのテクニックだからです。自分を知ることで、自分をコントロールすることができるようになるのです。

たとえば、ヨーガの片足立ちのバランスをすると、「右足で立つのはどうも苦手だな」と知ることで、右足で立つバランスをコントロールするようになります。自分を見つめてみると、「呼吸が浅いな」と知ることで、呼吸を深くするようにコントロールしだすのです。

自分を見つめ↓（自分を見つめたことで）自分を知り↓（自分を知ったことで）自分をコントロールする、というのがヨーガのたどるルートです。最初は簡単なコントロールから、徐々に難しいコントロールができるようになります。

たとえば、食事の量を少し控えるようにするというのも、自分をコントロールすることです。それでダイエット効果がでたり、健康的な身体になったりするでしょう。

また、心をコントロールできるようになると常に平常心でいられるようになるので、人生でのトラブルが減ります。ちょっとしたことで一喜一憂しなくなって、精神が安定します。そうすると、嫌なことも辛いことも、素直に受け入れられるようになるのです。それだけでも、ヨーガを実践することの効用は十分です。そして、あらゆるコントロールを身につけた先に、最もコントロールが難しい課題が一つだけ残ります。

それが「死のコントロール」です。

自殺ではなく、自分の決めた日の決めた時間に「自然死」するのが、最高のコントロールです。それを、ヨーガでは、マハーサマーディ（大いなる悟り）と呼んでいます。実際に、ヨーガ行者やヒマラヤ聖者と呼ばれる人たちの何人かは、そういう方法で肉体を離れています。ヨーガを実践している私も、そこを目指して日々修行を積み重ねています。

エミール師と私の関係、そしてエミール師とルルイ大聖との関係についての詳しい話は、現在執筆中ですので、もう少しお待ちください。

本書には、人類を覚醒へ向かわせるヒントとなる言葉が満載されています。エミール師の言葉の中から、一つ紹介します。

「催眠術は一つしかないということです。それは、人間には神の完全なる御業をみずから成して自分の欲する事物を創造できないと信じ込む自己催眠だけです」

つまり、キリストや釈迦や神々が見せる奇跡は、普通の人間である自分にはできないと思うのが、たった一つの自己催眠だ、ということです。その催眠さえ解ければ、どんな奇跡的なことでも可能になるということを、エミール師は説いているのです。

私もエミール師と同じ考えです。

「科学に反するからできない」とか「そんな非科学的なことはあり得ない」と考えることが、自己催眠だとエミール師は説いているのです。科学を信じるところからスタートするのは「非科学的」なのです。

なぜなら、科学は常に進歩するからです。

進歩するということは、以前の科学は正しくないということです。天動説が正しかった時代は、地球が丸いなどというのは間違いでした。100年前の科学には、今から見れば、間違いを多く見出せるのです。……ということは、100年後の科学から見れば、今の科学は間違っているということになるのです。

「人間が宙に浮くということは、科学的にあり得ない」という考えが非科学的だというのは、お判りでしょうか？　その自己催眠さえ解ければ、その先には無限の可能性が拡がっているのです。

本書によって、少しでも自己催眠という呪縛から解放されて、輝かしい人生を獲得されることを願っています。

カバーデザイン　櫻井浩（⑥Design）
本文デザイン　櫻井浩＋三瓶可南子

第23章 400歳の美女がマスターたちにもっとも愛されている理由

第24章 大晦日の儀式と奇跡の原理／無限の「動力・機関・エネルギー」の取り出し方

翻訳協力　山川紘一郎
　　　　　合田秀行
本文仮名書体　文麗仮名（キャップス）

第1章

ヒマラヤのマスター、超人エミール師との出会い

極東のマスターたちに随行する

近年では、スピリチュアルな事柄について、多数の書物が出版されているため、世間の人々も、世界の偉大なマスターについて、大いに啓蒙《けいもう》されてきており、また、人々もそれを求めていることから、私たちも、極東のマスターたちについて経験してきたことを、みなさんと分かち合うことにしました。

とはいえ、私は、新たな教義や宗教を解明するつもりはありません。マスターたちとの接触から得られた私たちの経験の大要を述べ、その中から、マスターたちの教えの中で、特に大きな基本的真理を汲《く》み取っていただきたいというだけです。

こうしたマスターたちは、広大な地域に散在しており、また、私たちのスピリチュアリティにおける調査範囲が、インド、チベット、中国、ペルシャの大部分にわたっているため、私たちの経験の真偽を確かめる試みは、これまで成されていませんでした。

私たち調査隊には、科学的な物の見方をするように訓練された現実主義者が11人もいましたし、私たちは生涯の大部分を調査事業に費やしてきました。したがって、どのような状況でも鵜呑《うの》みにしないのが習性でしたし、また、どんなことでも、決して当然とはみなしてきませんでした。そんな私たちですから、この調査旅行にも、徹底した懐疑的態度をもって出発しましたが、結果的に、徹底的な確信と回心を得て帰国したのです。

この調査中に私たちが受けた感動は極めて大きく、隊員の中にはマスターたちと同じ御《み》業《わざ》を成し、同じ生涯を送れるようになるまでは、マスターたちの元に留まるという固い決意をもって、マスターたちの元に戻っていった者が三名も出たほどです。

マスターたちは、私たちの調査にとても協力的でしたが、調査記録を出版する場合には、自分たちの名前を匿名にすることを希望しました。私は、事実をただありのままにリポートし、また調査中毎日のように接触することになった人々の表現や言葉をできるだけ忠実に使うことにしました。

調査事業を始める前に、私たちはマスターたちとさまざまな取り決めをしました。

その一つは、私たちが目撃することを一応そのまま受け取り、調査を徹底的に進めていき、教えも素直に受け入れ、彼らの日常生活をよく観察して、私たちも同じ生活を送ったうえで質問する、ということでした。

このマスターたちに随行し、生活を共にし、そのうえで最終決断を私たち自身で下すことになりました。結局私たちは、好きなだけ彼らと共に暮らし、自由に質問したうえで、自分たち自身で帰納的に結論を出し、最終的に自分たちの目撃したことを事実と受け取ろうと、インチキの烙印《らくいん》を押そうと、私たちの裁量に任せられることになったのです。

それでも、マスターたちには、なんとかして私たちの判定を左右してやろうという気配は、まったくありませんでした。それどころか、私たちが何を見聞しようと、そのまま信じないで、よく吟味《ぎんみ》してから納得することを希望したのです。

そういうわけで、筆者の体験を、これから読者の方々に提供しますので、あとは、読者自身の判断で、これを容認するなり拒否するなりしていただければいいのです。

アデプト（超人・マスター）であるエミール師と出会う

私たちは、調査をしながら、インドにもう2年も滞在していました。その間、私は本書で仮にエミールと称しているマスターに出会ったのです。

ある日、宿泊先の町の通りをぶらぶら歩いていると、人だかりに出くわし、興味を引かれました。見物人がしきりに見入っているのは、ファキール（行者）で、この国では、ごくありふれた街頭魔術師です。見物中にふと気づくと、私のそばに、周囲の見物人とは違う種族の老人が立っていました。その老人は、私をじっと見つめると、こう訊《たず》ねたのです。

「インドには長くご滞在ですか?」

「2年ほどです」

「イギリスの方ですか?」

「いえ、アメリカ人です」

私は、こんなところで英語を話す人に出会うとは予想もしていなかったので驚くと同時に、この老人に興味をそそられました。そこで、今進行中の芸当をどう思うかと訊ねてみました。

「ああ、これは、インドでは別に珍しくないんです。この人たちは行者、魔術師、あるいは催眠術師と呼ばれていて、その名前通りの人たちです。その術のからくりまで見通せる人はめったにいませんが、これには、深い霊的意義があります。いつかは、その中から、なにか良いものが誕生するでしょう。今やっているこの見世物は、いつか芽生えるその良きものの影に過ぎないのです。こういう現象を説明するために、さまざまな考えがたくさん出てきましたが、核心に触れたものは、どうやら一つもないようです。それもそのはずで、真理はその奥にあるからです」

それだけのやり取りをしただけで私たちは別れ、その後4か月間は、時々彼を見かけるだけでした。

そのうちに私たちの調査は、非常に厄介な問題にぶつかりました。そのことで頭を悩ませていたところ、私はエミール師に再会しました。

私からは何も言わないのに、エミール師は、会ったとたん、何で困っているのかと、私たちの問題について彼の方から切り出したのです。

これには私もびっくりしました。なぜなら、この問題を部外者に漏らした隊員は一人もいなかったからです。彼は、そのような難題によほど慣れているらしく、すべてがお見通しのようでした。

彼は、そのことに対して、ある程度の見通しがきくと言って、援助を申し出てくれました。そのお蔭《かげ》で、その件は一両日中に片付きました。これには、私たち一同も驚きましたが、別の案件に関わっているうちに、間もなくそのことは忘れてしまいました。

その後は、何か問題が起こるたびに、エミール師に相談するのが、私の習慣となってしまいましたが、相談しているうちに、それらの問題はいつのまにか氷解している感じがしました。

同僚の中にも、エミール師と会って言葉を交《か》わしたことのある人がいましたが、私からエミール師のことを隊員に話したことはありませんでした。

この頃には、エミール師が薦《すす》めてくださったヒンドゥー教に関する本を5、6冊読んでいたので、エミール師がアデプト（超人・マスター）の一人であることを、確信するようになっていました。エミール師に対する私の好奇心と関心は高まる一方でした。

ある日曜日の朝、エミール師と野原を散歩していると、一羽のハトが、私たちの頭上を、円を描きながら、暫《しばら》くの間飛び回っているのが気になって仕方ありませんでした。

「あのハトは、私を探しているんですよ」

エミール師はさりげなく言うと、歩みを止めて、深い沈黙に入ってしまいました。

数分すると、ハトは師が伸ばした腕の上に降りてきました。ハトは、北方に住む師の弟から伝言を携《たずさ》えてきたというのです。師の弟も、同じ真理の道を歩んでいるのですが、直接兄に意志を伝達できるまでには修行を積んでいないので、この方法を用いているのだそうです。

後で判《わか》ったことですが、マスターたちは思念伝達（テレパシー。マスターたちによれば、電気や無線よりもはるかに精妙な力）によって、瞬間的に相互の意思疎通ができるそうです。

それから、私のいろいろな質問に答えて、マスターは鳥たちを呼び寄せられること、空中を飛んでいるときでさえ、飛び方を指示できること、花や木でも頷《うなず》くこと、野獣でも少しも恐れずに近寄ってくること、小さい動物を襲って食い殺し、その死骸を奪い合って闘っていた2匹のジャッカルを手懐《てなず》けた出来事などを話しました。そのジャッカルは、マスターが近づくと、闘いを止《や》めて、マスターの差し出した両手の中にすっかり信じ切った様子で首を入れて、静かに食べ合ったそうです。

マスターはある時、一匹の野獣の子を私に差し出し、両手で抱いてごらんと言ったことがありました。エミール師はこう説きました。

「動物でも、こんな風に手懐けられるのは、いつも五感で見ているような、死すべき自我ではなく、より真実に近い、もっと深い真我のお蔭なのです。こんなことができるのも、私の自我ではなく、あなた方の言う神、すなわち内なる神、私を通して働いている全能にして唯一の神のお蔭なのです。

死を免《まぬが》れぬ小我としての私では、何事も成しえません。あなたが今まで見てきたようなことが私にできるのは、私が外的な現象を完全に排除し、真実なるもの、すなわち〝I AM（我神なり［自己の実質と内在の神］）〟に語らせ、成させることによって、神の愛を表出させるときだけなのです。

あなたを通して神の愛がすべてのものに注がれるとき、何者もあなたを恐れず、どんな災害も降りかかることはありません」

500歳を超えているマスターたちは、死を超越し、物質化現象などの奇跡を日常的に行っている

この期間、私は毎日のように、エミール師から教えを受けていました。

マスターが私の部屋に、だしぬけにパッと姿を現すことはしょっちゅうでした。寝る前に、ドアに入念に鍵をかけてもそうでした。最初のうちは、この勝手な現れ方に悩まされましたが、師の方では、私たちがそれを了解しているものだと当然のようにみなしていたことが判りました。

そのような現れ方にも慣れてきたので、師が自由に出入りできるように、ドアを開けた

ままにしておくことにしました。これは、私が師を信頼することを意味するので、喜んでいるようでした。その頃はまだ師の教えが全部判るレベルではなかったので、100パーセントそのまま受容することはできませんでした。

また、極東滞在中にいろいろなことをこの目で確かに目撃したものの、当時はまだ、全部をそのまま受け取るわけにはいきませんでした。結局このマスターたちの生き方の、深い霊的意義を悟るには、数年の思索が必要だったのです。

マスターたちには、なんの見栄《みえ》も衒《てら》いもなく、仕事のやり方もまったく子供のように純真でした。愛の守護力をよく知っていて、生きとし生けるものすべてを愛し、親しむレベルまで愛を開発するのです。

毎年何千人という人が毒蛇や猛獣のために命を落としますが、マスターたちは内なる愛の力を発揮するために、害を受けることはありません。時には、未開のジャングルに住み、時には猛獣の惨害《さんがい》から村を守護するために、自ら進んで村の入り口にその身を横たえることもあります。時には水の上を歩き、時には火の中をくぐり、時には姿を消したまま往来し、その他何か超自然力の所有者にしかできないと思われる、いわゆる奇跡の数々を行います。

マスターたちの日常生活が例証するように、彼らの生活および教えとキリストのそれとの間には、著《いちじる》しい類似点があります。

〝普遍なるもの（The Universal）〟から日常の必需品を直接パッと顕現《けんげん》させること、死を超越していること、その他キリストが地上に生きていた間に成したいわゆる奇跡の数々を行うことは、人間にとって不可能と思われてきました。ところが、これらのマスターたちは、それが日常茶飯事であることを実証しています。マスターたちは、食料・衣類・金銭をはじめ、日常の生活必需品を直接普遍なるものから得ているのです。また今日まで、死も克服していて、現存のマスターたちの多くは、５００歳を超えています。これは、戸籍によって証明されています。

他のいろいろな宗教も、このマスターたちの教えの分派に過ぎないようです。

このようなマスターは、インドでも極めて少数しか存在しません。マスターたちの数は限られており、学者たちが訪ねてくるような人は、ごく少数しか存在しないのです。

しかし、マスターたちは不可視の世界においては、無数の人々に接触することができ、事実不可視の世界に入って、その教えに感応する人々を援助するのが、マスターたちの仕事の大部分のようです。

後年この国で第3次調査に取り上げることになった事業の基礎を築いたのは、このエミール師の教えでした。この第3次調査の際は、私たちは3年半もの間、絶えずマスターたちと一緒に暮らし、ともに極東を旅行して、この方々の日常生活と活動を観察しました。

第2章

偉大なるマスターにして教師であるイエスが地上に降りた真の意味

イエスの成した御業は誰でも成し得るものであり、何一つ神秘ではない

第3次調査では、形而上学的な研究をすることになり、それをするにあたって、少人数で編成された私たち一隊は、インドの辺鄙《へんぴ》な小村であるポタールに集合しました。

私は、エミール師に前もってポタールに行くと知らせてありましたが、旅行の目的や隊員の人数などは、一言も告げていませんでした。それにもかかわらず、現地に到着して驚いたことには、隊員全員の受け入れ態勢がすでに整っていたうえに、エミール師とその同僚たちは、私たちのプランをすでに知り尽くしていたのです。

南インド滞在中も、私たちはエミール師に非常にお世話になったのですが、この時以来、後々までずっと続いた至れり尽くせりの奉仕ぶりは、到底筆舌の及ぶところではありません。私たちの計画がすべて成功したのも、ひとえにエミール師と、私たちが出会った素晴らしい魂の持ち主たちの賜物《たまもの》です。

私たちはポタールに到着しました。

実は、調査隊は1922年12月22日に、この村から出発の予定だったのですが、クリス

マスの朝に予定が変更になったことが、後に判明しました。結局、これこそ私たちの生涯中、もっとも記念すべき調査となったのです。

その日の朝、私たちに語ったエミール師の言葉を、私は決して忘れないでしょう。師は、極東の外に出たこともないのに、流暢《りゅうちょう》な英語で話し、自分の受けた英語教育を自慢したりはしませんでした。エミール師はこう語りました。

「今日はクリスマスの朝です。みなさんにとっては、ナザレのイエス、すなわちキリスト生誕の日です。イエスは罪を赦《ゆる》すためにこの地上に送られたという考えが、まず頭に浮かぶことでしょう。

また、みなさんにとっては、イエスはみなさんと神との間の偉大なる仲介者であるに違いないでしょう。人間の心の中以外には、私は知らないのですが、天と称するどこか遠く離れたところに座っていて、厳しく、時には怒りもする神の仲介者としてのイエスに、みなさんはさまざまな訴えごとをします。神ほど厳しくはなく、神よりも愛の深い神の子(私たちが〝祝福されし者〟と呼んでいる方)、地上への誕生を今日この日に記念する偉大にして高貴なる〝一人子〟であるイエスを通してのみ、人は神に近づくことができるとみなさんは知っています。

しかし、私たちにとって、今日はもっと意義のある日です。それは、イエスすなわちキリストが、この地上に到来したということを意味するだけでなく、この誕生は同時に、すべての人間の実相もまたキリストであるという認識が、各人の心の中に誕生することを意味しているからです。

クリスマスは、偉大なるマスターにして教師、物質による束縛と制約からの人類の解放者の誕生を意味します。この偉大なる魂は、真の神、偉大なる全能、遍在、全智なる唯一者に至る道をもっと完全に示すために、また、神はすべての善、すべての知恵、すべての真理、すべてのすべてであることを示すために地上に降りたのです。

今日のこの日、この世界に降臨した偉大なるマスターは、神が私たち人間の外に在るだけでなく、私たちの内にも在ること、神は私たちやその被造物から決して分離しておらず、また分離できないこと、神は常に公正にして愛深きこと、神はすべてであり、すべてを知り、すべての真理を知り、またすべての真理であることなどを、これまでよりもっと完全に知らせるために遣《つか》わされたのです。たとえ私に、すべての人々が理解できたとしても、この聖なる誕生の意味を簡単に、あなた方に表現するのは、私にとって至難の業《わざ》です。

この偉大なるマスターにして教師であるイエスは、私たちに、この地上における人生の意義を、もっと完全に理解させせるために、また、人間に付随している制約はすべて、人間自身が作り出したものであって、決してその他の意味に解すべきものではないことを、よりよく理解させるために来られたのであると、私は確信しています。また、みなさんにもそれが判るようになると思います。

すべての教師の中でももっとも偉大なこの教師は、彼の内なるキリスト、彼の巨大なる御業《みわざ》の源であるキリストは、みなさんの中にも在って、同じキリストであること、イエスの教えを実際に実行することによって、イエスの成した御業およびそれよりも偉大な業を成すことができることを、より明確に示すために来たのです。神は、万物の偉大で且《か》つ唯一の原因者であることを、より明確に示すために来たのです。みなさんは、イエスが初期の教育を、私たちの間で受けたという噂《うわさ》を聞いたことがあるかもしれません。私たちの中にもそう信じている人がいるかもしれませんが、実のところ、そんなことはどうでもいいのです。

イエスの教育が私たちの間から出てきたのか、それとも万物の実相である唯一の根源である神からの直接の啓示であるかどうかは、問題でしょうか？　一人の人物が、神の心から出た思想にアクセスしてそれを言葉によって伝えたとして、他者あるいは人類すべてがそれと同じ思想にアクセスすることは不可能でしょうか？　ある人がその思想にアクセスしてそれを公表したからという理由で、それがその人だけの専有物になるでしょうか？さらに多くを受け取るためには、受け取ったものを出して与えなければなりません。受け取ったものを与えずに取り込んだままでいるなら、その結果は淀《よど》みです。

私たちは、水から動力を生み出す水車のようなもので、もしも水車が自由意思で引いてきた水を取り込んだままでいるなら、水は停滞して間もなく窒息してしまうでしょう。水車にとって水が動力源として役に立つのは、水を自由に流すときだけです。人間の場合もまったく同じです。

人間が神の想念にアクセスしたなら、その想念から利益を享受するためには、それを与えなければなりません。みんなが自分と同じように成長し発展するように、他者も自分と同じことをするよう促《うなが》さなければなりません。

私としては、他の偉大なるマスターたち同様、イエスの場合も、その教えは間違いなく神からの直接の啓示であると考えています。とは言え、すべてのものは、神のものでしょうか？　一人の人間にできることなら、万人も同じことを成し得るのではないでしょうか？

神は神ご自身をイエスに啓示したように、万人に対してもまた、何時《いっ》でも喜んで啓示するということを、みなさんもいずれは確信すると私たちは信じています。**各人にとって唯一必要なことは、自身の内にある神を自ら引き出すことです。**人は皆平等に創られていること、人は皆自他一体であること、イエスの成した御業は、誰でも成し得るものであり、また成すであろうことを、私たちは心から信じています。これらの業《わざ》は、実は何一つ神秘ではないことが、いずれ判るでしょう。神秘というものは、浅薄な人間の考えの中にあるものです。

みなさんが、本当は多少の猜疑《さいぎ》心を持って私たちのところに来たことは、よく承知しています。みなさんが、私たちと一緒に生活して、私たちをあるがままに理解すると信じます。私たちの成す業とその結果を受け入れるか否かは、みなさんの自由意思にお任せします」

第3章

エミール師の
テレポーテーション／
時空を自由自在に移動する

人間は本来無限であり、時間・空間・制約のない存在です

私たちは、この村を出発し、約90マイル（145㎞）離れた、アスマーというさらに小さな村に向かいました。エミール師は、配下の男性二人をお供につけてくれました。この二人は、背筋がピンとして、ヒンドゥー教徒の典型のような見事な人たちで、調査隊全員の世話をしてくれることになりました。

この二人が、落ち着き払って、こともなげに仕事をさばいていくさまは、これまで見たことがないほど、もっとも優秀なものでした。便宜上、この二人をこれからそれぞれジャスト、ネプロウと呼ぶことにします。エミール師は、前の村で私たちを迎えてくれ、滞在中の私たちの面倒を見てくれたわけですが、なんといっても、師は、他の人たちよりも、長い経験を積んでいました。ジャストは調査隊の執行委員長、ネプロウはその助手といった役割で、命令の遂行を見届け、監督する役目でした。

出発の時、私たちを送り出す挨拶《あいさつ》の中で、エミール師はこう言いました。

「みなさんはこれからジャストとネプロウの二人を随行して調査旅行をするわけですが、

約90マイル先の次の宿泊地まで、多分5日ほどかかるでしょう。私は暫《しばら》くここに留まることにします。90マイルの道のりを行くのに、私にはそれほど時間はかかりません。みなさんの目的地で、到着をお待ちすることにしましょう。

そこで、私からお願いしたいことは、隊員の中から誰か一人ここに残ってもらって、これからの出来事をよく観察し証明する役を引き受けてもらうことです。そうすれば、お互い時間の節約にもなりますし、ここに残ってもらう方も、これから10日頃までには調査隊に加われるわけです。私たちとしては、その方に入念に目撃していただき、目撃したことを綿密に報告してくださるようお願いするだけです」

こうして私たちは、世話役のジャストとネプロウを伴って出発しました。およそこの二人のやり方以上にテキパキとした、胸のすくような仕事のさばき方は、想像もできないと述べておきましょう。どんな細かいことにも、至れり尽くせりの行き届き方で、いわば音楽のリズムと正確さにピッタリ合った感じです。調査は3か月半にわたりましたが、このような仕事のハーモニーが、実にその期間の全行程にわたって続きました。

ここで、ジャストとネプロウから得た印象をつけ加えておきます。ジャストは背筋のピンと伸びたインド人で、親切でテキパキして、大袈裟《おおげさ》なところがなく、単調な声で命令を下しますが、命令がきちんと正確に遂行されていくさまは、まさしく驚嘆に値するものでした。そのため、最初から見事な性格が窺《うかが》われ、評判の的でした。

ネプロウも素晴らしい性格の持ち主で、どこに行っても冷静沈着で、且《か》つ驚異的な能率の仕事ぶりが見られました。いつも落ち着き払っており、動きも平静でしかも正確。そのうえ、驚嘆すべき思考能力と実行能力とを兼ね備えていて、調査隊全員の噂の的になるほどでした。隊長も「この人たちは素晴らしい。自分の頭で考えて行動する人たちが見つかってホッとしたよ」と感想を述べるくらいでした。

5日目の4時頃、私たちは、予定の村に到着しました。ここでエミール師が、約束したように私たちを出迎えるはずです。

読者の方々に私たちの驚きが想像できるでしょうか。私たちは、間違いなく一本しかない道を、途中で交代して急行する飛脚は別として、この国で一番早い交通機関でやって来ました。ところが、年齢も相当いっているはずの、またどう考えても90マイルの道のりを私たち以上に短い日数では来られないはずの人が、宣言通り先着していたのです。

みんながその訳を知ろうとして、いっせいに質問を浴びせたのも無理はありません。以下はエミール師の話です。

「あなた方が出発するとき、ここでみなさんをお迎えしますと約束しましたね。その通り、私は今、ここにいるわけです。**人間は本来実相においては無限であり、時間・空間・制約のない存在なのです。**ひとたび人間がその実相を知れば、90マイルの道のりを行くのに5日もてくてくと歩く必要はありません。実相においては、どんな距離でも一瞬にして到達できるのです。距離の長さは関係ありません。

私はほんの一瞬前には、あなた方が5日前に出発した村にいました。みなさんが見ていた私の肉体はまだそこで休息しています。あの村に残っているみなさんの同僚は、4時数分前に私が、『もう今頃は着いているはずですから、出迎えの挨拶に行きましょう』と言ったことを証言するでしょう。

今回のことは、私がどんな約束の場所、どんな定められた時刻にでも、肉体を残したままであなた方に挨拶に来られることを、証明するためにしたのです。みなさんに随行してきたあの二人にも、やろうと思えば、同じことができるのです。

そういうわけで、私たちがみなさんと根源を同じくするただの普通の人間に過ぎないこと、また、神秘めいたことは何もなく、父なる神、全能にして偉大なる神が、すべての人間に与えた力を、ただみなさんよりも多く発現させただけであることが、一層よくお判りいただけたことでしょう。

私の肉体は、今晩まではあの村に置いておきますが、その後こちらに引き寄せます。みなさんの同僚もこちらに向けて出発し、いずれ到着するでしょう。1日ここで休養を取ってから、ここから1日分の旅程の小さな村に行き、そこで1泊してから再びこちらに戻り、その同僚に合流して報告を聞くことにしましょう。今晩宿舎で集会をします。では、それまでご機嫌よう」

コップの中の水を凍らせる／想念の力によって水の分子を〝普遍なるもの〟の中に置く

その晩、一同が集まっていると、ドアも開けずにエミール師が忽然《こつぜん》と私たちの真ん中に姿を現し、こう言いました。

「みなさんにとっての、いわゆる魔法のように、私がこの部屋に現れたのを、今、みなさんは目撃しました。さて、今度はみなさんに、肉眼でも見える一つの簡単な実験をしましょう。みなさんは肉眼で見て初めて信じますからね。どうぞ、よく見えるように輪を作って近くに集まってください。
ここにみなさんの中の一人が、先ほど泉から汲んできたばかりの1杯の水があります。見てください。水のちょうど真ん中に、氷の一片ができてきたでしょう？　氷の一片がどんどん大きくなり、遂《つい》にコップ1杯が凍ってしまいましたね。一体何が起きたのでしょうか？

私は水の真ん中の分子を、想念の力によって「普遍なるもの」（The Universal）の中に置き、それが形をとるようにしたのです。換言すれば、水の波動を下げていくことによって、それが氷となり、その外の分子群も周囲に集まって形をとり、遂に全部が氷へと変化したのです。この真理を、みなさんは小さいコップだけでなく、桶《おけ》や池、湖や海、果ては地球上の水全体にまで適用できるのです。そうすると、一体どうなるでしょうか？　何もかもが凍結してしまいませんか？　一体何のために？　目的なんてありません。一体いかなる権威によって、そんなことをするのか、とみなさんはお考えでしょう。

〝完全なる法則の適用によって〟と私はお答えします。
では、この場合は、一体何のためでしょう？　何のためでもありません。それは、別に何かの役に立ちませんし、また、役立てることもできません。もし仮に、私がこの実験を徹底的にやり続けていったらその結果どうなるでしょうか？　反動が来ます。誰に来るでしょうか？　私に来ます。私は法則を知っています。だから、私の表現するものは、忠実に私に返ってきます。

したがって、私は善のみを表現します。そうすれば、善のみが、私に善として返ってきます。もし私がどんどん凍らせつづけていたら、最後の目的を遂げるずっと前に、冷寒が私にはね返ってきて、私まで凍ってしまい、私自身の冷凍という形で私は自分の収穫物を刈り取ることになるでしょう。

というわけで、**私が善を表現すれば、私は永遠に私の善果を収穫するわけです。**

今、この部屋に私が現れたのも、このように説明できます。あなた方が私を残して出て行った小部屋で、私は自分の肉体を〝普遍なるもの〟の中に置き、肉体の波動を高めることによって、〝普遍なるもの〟の中に戻した。私たちの言い方をするなら、すべての物質が存在する〝普遍なるもの〟の中に、いったん奉還したのです。それから私のI AM（実相）、すなわちキリスト意識を通して、肉体を心の中に置くと、波動が下がり、この部屋で具現化してみなさんにも見えるようになった、というわけです。この過程の一体どこに神秘があるのでしょうか？

神の〝最愛の子〟を通じて父なる神が私に与えた力、すなわち法則を使っただけではないでしょうか？　この〝神の子〟というのが、あなた方であり、私であり、人類全体ではないでしょうか？　ならば、この現象のどこに神秘があるでしょうか？　どこにもありません。

辛子種に象徴された信仰のことを考えてみてください。その信仰は、私たち人間すべての中に内在しているキリストを通して、〝普遍なるもの〟から、私たちに来るのです。それは、極めて微細な一点として〝内在のキリスト（実相）〟、あるいは超越心、すなわち私たちの内にある受容機関を通して入ってきますが、私たちの内にある至高所、すなわち頭頂までいったん昇って、そこに留まります。そこから聖霊が下るようにしなければなりません。

そこで次のような訓戒が出てきます。『汝、思いを尽くし、魂を尽くし、力を尽くし、心を尽くして主なる汝の神を愛せよ』どうです？　判りますか？　思いといい、魂といい、力といい、ここまで来ると、もうこれら全部を神、すなわち聖霊、すなわち絶えず働く霊なる神我にことごとく引き渡すより他にどうすることができるというのでしょう？

この聖霊はいろいろな方法でやって来ます。とりわけ中へ入れてもらおうとして戸を叩き求める小さき者たちとして。私たちは、この聖霊を内に受け入れ、光の小点、すなわち知恵の種子と結びつかせ、それを中心に回転し、ちょうど先ほど、氷の分子が中央の分子に密着したように、ぴったりとくっついていなければなりません。そうすると、氷のように、次々と分子ごとに、あるいは群れごとに成長して形を取るようになり、遂には困難という山に対しても、『汝動きて海に入れ』と命じられるようになり、命じた通り実現することになるでしょう。

このような現象を四次元とか、あるいはその他好きな呼び方をしてかまいませんが、私たちは内在のキリストを通した神の表現と呼んでいます。

イエスが成したこと、私（エミール）が成したこと。あなた方すべてに同じパワーが宿っている

では、キリストが誕生した経緯をお話ししましょう。

まず偉大なる母マリアが理念を覚知し、それが心に抱き続けられて、魂という土壌の中に孕《はら》まれ、一時そこに留まり、やがて完全なる長子、神の一人子なるキリストとして誕生

しました。それから、女性の最良のものを与えられつつ、養育と保護を受け、見守られつつ慈愛の下に少年期を経て、成人に達したのです。内在のキリスト（実相）が私たちに実現するプロセスもまた同様です。まず神の土壌――すなわち神の中枢部――に理念が植えつけられ、完全なる理念として心の中に維持され、やがて遂に完全なる神の子、すなわちキリスト意識として生まれてくるのです。

あなた方は、先ほどの出来事を目撃したものの、自分自身の目を疑っています。でも私は、あなた方を責めるつもりはありません。みなさんの中の、誰かかは判りませんが、『催眠術だ』という想念を受けました。しかし兄弟たちよ、今晩あなた方が目撃したような、神から与えられた能力をすべて行使するパワーが、自分にはないと思っているのですか？

私が何らかの方法であなた方の考えや視力をコントロールしたと、一瞬でも思う人がいるのですか？ あなた方の中の誰かに、いえ、あなた方全員に、私が催眠術的な魔力を及ぼすことができると思うのですか？ みなさんは、知らないのですか？ あなた方の偉大なる書である聖書に、『イエスは戸が閉まっているのに入り給うた』と記されていることを。イエスも、ちょうど私がしたように入ってきたのです。偉大なるマスターにして教師であるイエスが、いかなる方法にせよ、他人を催眠術にかける必要があったと考えますか？　イエスは今晩の私のように、神の与えた彼自身に内在する力を用いたのです。

　くれぐれも断っておきますが、私はあなた方の誰にでもできること以外のことは、決してやっていません。あなた方だけではありません。この世、いえ、この宇宙に、今生まれており、また生まれたことのある人々には、すべて今晩のようなことを成し遂げるパワーがあるのです。みなさんには、このことを、はっきりと認識していただきたいのです。

みなさんは、神の御《み》霊《たま》分《わ》けであって、決して肉我ではありません。あなた方は、自由意思であって、操り人形ではないのです。イエスには、他人を催眠術にかける必要はありませんでしたし、私もまた然《しか》りです。私たちの誠実さに完全に納得がいくまでは、徹底して疑ってかかるといいでしょう。けれども、催眠術という考え方だけは、ここ暫くの間でも捨ててしまうか、少なくともあなた方の仕事がさらに進行するまでは、心を受け身にしておく方がいいでしょう。私たちがみなさんにお願いすることは、心を開放しておくということです」

第4章

死の克服という巨大であり明白な悟りへ

ジャストがジャストの分身と出会った。その瞬間から死を恐れる者はいなくなった

次の旅程は、いわば寄り道のようなものだったので、翌朝私たちは、主な荷物を残して、ジャストとネプロウだけを伴って、20マイル（32㎞）先の小村に向かって出発しました。

道は悪く、時には、この国独特の深い森林の中を蛇行していくので、歩行は非常に困難でした。目的地には、ちょうど日没前に到着したものの、正午の昼食時に小休止しただけで、後は強行軍をしたために、疲れた上にお腹も空《す》いていました。この辺の土地は、一般的に荒れて凸凹《でこぼこ》だらけで、道とはいえ、実際には使われていないようでした。時には、絡んでくる蔦《つた》類の茂みを切り開く必要もありました。

不思議なことに、私たちが遅れるたびに、ジャストはイライラしている様子でした。というのも、それまでの彼は、いつも泰然《たいぜん》自若《じじゃく》としていたからです。彼が出発当時の冷静沈着さを失ったのは、その後の3年半の中で、これが最初で最後でした。その後、後で起こった事件と照合してみて初めて、彼のこの動揺の原因が判ったのです。

日没の30分前に、ようやく人口約200人の村に到着しました。私たちが、多少は村の人々の好奇心の対象になったのはやむを得ないとしても、ジャストに至っては、彼らの関心の的になり、そのうえ最上の尊敬を払われていました。

その彼が、夜営が準備される間一緒に散歩に出ないかと誘ってきました。隊員中5名は、一日中歩きづめで疲れたから休みたいと断りましたが、私を含めたその他のメンバーは、ジャストと数人の村人に従い、村の周辺にある開墾地《かいこんち》に向かって行きました。開墾地を越えてちょっと歩くと、ジャングルの中に入り込んでしまいました。

その時私たちは、地面の上に死体かと思われる（最初見たときはそう思った）、倒れている一人の男にぶつかりました。ところが、よくよく見てみると、それは死んでいるというよりは、安らかに眠っている様子でした。

私たちは、釘づけにでもなったように凝視したまま、そこに立ちすくんでしまいました。というのは、地面に横たわっていたのは、他ならぬジャストその人だったからです。すると突然、同行してきたジャストがそこへ近づき、地面の上のもう一人のジャストも動き出して、起き上がったのです。

なんと、ジャストとジャストが向かい合って立っているのです。間違いなく、相手もジャストでした。私だけでなく、他のメンバーにもジャストに見えました。

次の瞬間、私たちに同行してきた方のジャストが消え、私たちの前には横たわっていた方のジャストだけが残って立っていました。

もちろん、あっという間もない出来事でした。あまりの不思議さに、一同は、ただあ然とするばかりでした。もう一つ不思議なことは、誰も何の合図もしていないのに、キャンプに残っていたメンバーも、走って私たちの元にやって来たことです。

後でその理由を聞いたのですが、

「いや、私たちにも判らないんだ。私たちに判っていることは、ただ立ち上がって、君たちに向かって駆けていたということだけなのだ。なぜそうしたのかは、まったく判らないんだが。合図なんて、全然思い出せない。とにかく、気づいたときには、みんな君たちに向かって走っていたんだ」

というのが、その答えでした。

「僕は、真理の目を大きく開いてもらった。お蔭で死の谷の遥《はる》か向こうまで見えるようになった。啓示された神秘の深さは、人間の思慮の及ぶところではない」と、隊員の一人は言いました。また別の隊員は、「これから全世界が死を克服していくのだ。『最後の敵、死は克服さるべし』という言葉が、実に生き生きと蘇《よみがえ》ってくるではないか。今回の出来事は、この言葉の成就ではないだろうか。死の克服という巨大でありながら、明白な悟りに比べれば、我々の知性なんてまったく矮小《わいしょう》極まりない。そのくせ我々は、自分たちを知性の巨人と思い込む不遜《ふそん》を敢《あ》えてしてきたのだから。ところが、我々は、ただの赤ん坊に過ぎないのだ。『あなた方は、新しく生まれなければならない』という意味が、今初めて判りかけてきたよ。聖書の言葉に間違いはなかった」と述懐したのです。

いずれにしても、私たちがどんなに驚き感銘を受けたかは、読者のご想像にお任せしましょう。

私たちに毎日接し、奉仕をしてきた人が、自分以外の人たちを守るために幾日もその体を横たえ、見事な成果を上げたのです。その人が、今目の前にいるのです。「あなた方の中で大いなる者は、仕える者となりなさい」という聖書の言葉を思い起こさずにはいられませんでした。この瞬間から、私たちの間には、もう死を恐れる者は、一人もいなくなりました。

長期間ジャングルに横たわっていたジャストの肉体

この土地には、山賊や人を襲う野獣がはびこるジャングルの入り口に肉体を置く風習があって、そうすることによって、村は文明国家のように人間や動物の破壊から免れるというのです。

ジャストの肉体が、その場所に相当な期間横たわっていたのは明らかでした。なぜなら、その髪の毛は伸び放題で藪《やぶ》のようになり、そのモジャモジャの髪の毛の中に、この土地特有の小鳥たちが、巣を作っていたからです。しかもこの巣の中で、親鳥が雛《ひな》を育て、それが大きくなり、巣立って行っているのです。これが、ジャストの肉体がいかに長い間その場所に動かずにいたかを示す、まごうことなき証拠です。この鳥たちは、元来大変臆病《おくびょう》で、ちょっとでも巣に邪魔が入ると、すぐにその巣を捨てて飛んで行ってしまうほどです。したがって、以上の事実は、小鳥たちがジャストの肉体に大きな愛と信頼を寄せていたことを物語っています。

その日のみんなの興奮は相当なもので、当のジャスト以外、私たちのキャンプの中では、眠れる人は一人もいませんでした。時々思い出したように、誰かが起きだしては、ジャストの寝ている方を見て、「僕、本当に目が覚めているだろうか。つねってみてくれ」と言っては、また横になったのでした。中には、もっと興奮している人もいました。

第5章

若さを保つ秘訣／病、死、老衰は回避できる

死や老化はあり得ない。事故でさえ防ぐことは可能

翌朝は、日の出とともに起き、留守隊のいる村に帰りました。

ちょうど、日が暮れる前に着き、ベンガル菩提樹《ぼだいじゅ》の下にテントを張ることにしました。

翌朝、エミール師が挨拶に来たので、これは好都合だとばかりに、私たちは先日の出来事について、いっせいに質問を浴びせました。

「あなた方が質問するのも無理はありません。ここでお答えできるものには、全部喜んで答えることにして、その他の質問は、あなた方がこの仕事をさらに深く掘り下げるまでは触れないことにしましょう。あなた方の言語（英語）でお話をするのは、私たちの信念の根底にある、偉大なる原理を伝えたいからだということは、みなさんお判りだと思います。

すべての人が真理（Truth）を知っているのなら、彼らはまさに一つであり、根源は同一です。正しく考えればこの結論に至るはずです。私たちは皆、普遍意識源質、すなわち神において一つなのです。私たちは皆、大いなる一つの家族です。すべての子供、すべての生まれてくる者たちは、カーストや宗教がどうであろうと、この大家族の一員なのです。

みなさんは、私たちが、人間にとって死が不可避と考えているかどうかを訊ねました。これに対し、釈迦の言葉で答えましょう。

人体は、植物や動物の体（人間よりも若く進化の遅い兄弟たち、という呼び方の方が私は好きなのですが）と同じように個々の細胞から作られていて、それは、肉体の顕微鏡《けんびきょう》的な微細《びさい》な単位です。生長・分裂の過程を幾度も繰り返して、この1単位の細胞の微細な核がついに無数の細胞となって完全な人体となります。これらの細胞は、それぞれ異なる特殊な機能を営みますが、大体においては、最初の細胞の特質を持ち続けています。この個細胞は、細胞の松明《たいまつ》の担い手とみなすこともできます。それは、世代から世代へと潜在している神火、すなわちこの惑星に初めて生命が出現したときまで遡《さかのぼ》り得る万世一系のすべての生物の生命を伝えます。この個細胞には、限りなき若さが秘められています。

ところで、肉体と呼ばれている細胞群の方はどうかといえば、それは、幾度もの増殖を繰り返した個細胞から起こったもので、個細胞の個性、たとえばその一つである潜在的な生命の火、すなわち、永遠の若さを保っているのです。細胞群、すなわち肉体は、個細胞の守護役となっていますが、その生存期間はみなさんがご存じの通り短いです。

私たちの古代の聖師たちは直感によって、植物と動物の生命反応が基本的には一致しているという真理を知っていました。私たちには、これらの聖師が、鬱蒼《うっそう》とした菩提樹の下で、弟子たちに次のように説教している姿が、目に浮かびます。

『この巨大な樹を見なさい。私たちの兄弟であるこの樹と、私たち自身の中の生命の営みは、基本的には、同じです。一番古い菩提樹の葉や梢《こずえ》の芽を見なさい。なんと若々しいことか。この巨木となる前の種子だったときと同じ若さではありませんか。

樹と人の生命反応は同じですから、人は樹の経験からも学ぶことができます。この樹の一番若い種子から一番老いた巨木となっても、なお葉や梢の芽が生えるように、人体を形成している細胞も次第にその活力を失って遂に死に至る必要はなく、卵子あるいは個細胞自体のように、青々と若々しくまた伸びることもできるのです。事実、諸君の肉体にしても、生まれ出る前の生命の種子のようにいつまでも若く活力溢《あふ》れるような成長ができないわけはありません。

菩提樹は永生のシンボルであり、外部からの事故以外の原因で枯死することはありません。菩提樹には、細胞の生命エネルギーに有害な影響を与えるような腐朽や老衰などの自然法則があるとは考えられません。神聖なる人体もまた同様です。人間の場合も、事故でない限り、死や老朽という自然律はあり得ません。人間の肉体または細胞群には、不可避の老化や次第に麻痺《まひ》させるようなものは何ら存在しません。したがって、死という事故は回避できるのです。

病とは、とりわけ安らぎからの分離（dis-ease＝無・安らぎ）、すなわちサンスクリットでいうシャーンティ（心を通して肉体に反映された、甘美で歓ばしい魂の平和の状態）の欠如です。人間には、老衰の体験が共通していますが、この老衰という表現自体が、心と肉体のある病的状態の原因に対する人間自身の無智を含んでいるのです。事故でさえ、適当な精神状態にあれば、防ぐことは可能です』

若さとは人間の内なる神性であり、歓び、愛、理想の願いが若さの美を生み出す

釈迦はさらに、『身体の調子は、ペストや流感のような伝染病、その他の病にも、自然に且《か》つ容易に抵抗して維持されるようになっています』と言われています。釈迦は、細菌を飲んでも決して病気にかかりませんでした。人間本来の姿である神人に植え込まれた神の愛の種子が、若さであることを忘れてはなりません。事実、**若さとは人間の内なる神性**

であり、若さこそが、霊的生命であり、美的生命です。生き長らえ、愛する生命は、永遠の生命だけなのです。**老年とは、非スピリチュアルで、死すべき定めの、醜悪な、非現実です。恐怖、苦悩、悲哀の念が、老年という醜悪を生み出すのです。歓び、愛、理想の願いが、若さの美を生み出します。**老齢とは、殻のようなもので、その奥に実在の珠玉、若さという宝石が秘められています。

努めて童心を持つようにすると良い。内なる神の子の姿を霊視するのも良い。眠る前に、『我の内は常に若く、常に美しい霊的な歓びで満たされています。我が心も目も鼻も口も皮膚も美しい霊体です。我が身体は、神の子の身体であり、今宵いま完全である』と、自分と自分の身体に語り聞かせると良い。この祈りを繰り返し、寝入りながら静かにそのことについて瞑想すると良い。

朝は、目覚めながら自分自身に次のように暗示すると良い。『(自分自身の名前を呼びながら)さあ、愛する者よ、内には神聖なるアルケミスト(錬金術師)がいる』と。夜中に植えつけられた祈りの霊的パワーによって、変容が起こり、内部の霊的実相が開眼して、霊体、霊宮に浸透していきます。

内在のアルケミストが死せる細胞、疲れ果てた細胞を捨て、金のごとく新しい細胞という純金を生成し、永遠の健康と美を現していきます。久遠《くおん》の若さこそは、真の神の愛の証拠です。神聖なるアルケミストは、我が宮の内にあり、神聖の人間の形態において、新しく美しき嬰児《えいじ》の細胞を作り出していて、すべては善きことです。オーム、シャーンティ！　シャーンティ！　シャーンティヒ！（平穏なれ！　平穏なれ！　平穏なれ！）

幼子のように愛らしく微笑《ほほえ》む練習をすると良いです。魂からの微笑みは、霊的くつろぎです。本当の微笑みは、真に美しいもの。『内在の死することなき支配者』の美術作品である『私は全世界の人々に対して親切な想いを抱く。世の人々がすべて幸福になりますように。恵まれていますように』と祈るのは良いことです。

一日の仕事に取り掛かる前に、『我が内には、完全なる姿、神の姿がある。私は今我が欲するすべてとなっています。私は毎日我が美しき実相を霊視し、それを実現します。私は神の子です。私が欲するものは今、且つ永遠に与えられつつある』と宣言すると良い。ゾクゾクと感動する習慣を養うと良いです。次のように宣言すると良い。『無限なる愛が心を満たし、完全なる生命が身体を感動で震わせる』。あなたの周囲をすべて明るく美しく保ち、ユーモア精神を培《つちか》い、太陽の光を楽しむと良いです。

以上、みなさんご存じの釈迦の教えを引用しました。

こうした方々は、およそ人間の知る限りでは、一番古い大師たちであって、その教えは、いかなる国の歴史よりもさらに数千年遡ります。大師たちは人々に教えを垂れ、諸国を巡歴して、当時の簡単な文明技術も知らない人々に、より良い生き方をすでに教えられていました。支配者たちの制度もその教えから生まれたものです。しかし、この支配者たちは、間もなく彼らを通して働いているのが神であるという心理から逸脱して、自分の力でやっていると思い込むようになりました。また、すべては神である一つの根源からくるという真理を忘れ、やがて霊的なものを見失い、遂に自我や物質的なものを生み出してしまいました。支配者たちのこの自我の考え方が、のちに種々さまざまな宗教や思想となって分離していきました。これが、あのバベルの塔についての私たちの考え方です。

釈迦は神がすべてであり、すべては神の顕現であることを知っていたので、神が人類と万象とを通じて神自身を現す真の霊的方法をあらゆる時代を通じて守り通し、この教えから決して逸脱しませんでした。このようにして、偉大なる基本的真理が今日まで固守されてきたのです」

第6章

神の力と一つになれる沈黙のパワー

沈黙の場——それは神の力と一つになれる唯一の場所

ヒマラヤ越えを決行する前に片付けておくべき仕事が山ほどあったので、私たちにとって、この村は最適な根拠地でした。

エミール師を観察するために前述の村に居残りした隊員も、ここで合流しました。彼の報告によると、エミール師は私たちとの約束を履行する予定の日の午後4時頃まで彼と話していましたが、4時になると、「これから約束を実行します」と言ったかと思うと、師の身体は動かなくなり、やがてソファーの上にまるで寝ているような格好で休息したそうです。夜の7時頃までその状態が続き、7時頃には次第に姿が霞《かす》んできて、しまいに消えてしまったそうです。それはちょうど、師が私たちの宿に姿を現した時刻でした。

季節の歩みは遅く、山道はまだ私たちが通れるほど回復していませんでした。ここでいう私たちとは、この小隊の隊員である私たちのことで、大師たちは含まれません。もうこの時分までには、私たちが本当はエミール師とその二人の弟子であるジャストとネプロウにとって厄介に違いないと思われてきました。偉大なるこの三人の友人（三人は掛け値なしに真実偉大です）は、私たちが苦労して辿ってきた道のりを、実は遥かに短時間で制覇することができるのに、愚痴一つこぼさず徒歩で私たちと行動を共にしたことに、初めて気づいたからです。

この根拠地からジャストとネプロウを道連れにして小旅行を数回したことがありますが、その都度《つど》彼らは、その驚くべき性質や価値を発揮しました。

それらの小旅行の中で、エミール師、ジャスト、ネプロウの三人と一緒に、私たちは、通称「沈黙の寺院」別名「非人造の寺院」という寺院のある村を訪れたことがあります。この村は、かつて猛獣と悪疫のためにほとんど絶滅してしまった村の跡にできたもので、今ではその寺院と寺院守長たちの家が建っています。

大師たちは、以前にもここを訪ねたことがあって、ずっと以前には3000人ほどいた住民が、僅《わず》かしか生き残っていなかったそうです。大師たちが生存した人たちの面倒を見たお蔭で、猛獣と悪疫の蔓延《まんえん》は止《や》みました。村人の中には、救出してもらえるなら、余生を神に捧げ、神の望み通りに奉仕すると神に誓った人も少数ながらいて、大師たちがいったん村を引き払った後で再訪してみると、いつのまにか寺院が建ち、寺院守長たちが管理していたということでした。

寺院はとても美しく、その土地一帯を見渡す高台に建っています。白大理石で造られ、建築してから3000年も経過しているにもかかわらず、修理などの必要がないそうです。というのは、建物のどこかが欠けたりしても、ひとりでに直ってしまうからです。このことは、私たちの隊員も証明しています。

エミール師はこう言います。

「これは、沈黙の寺院、『力の場』と呼ばれています。**沈黙は力です。私たちが、心の中にある沈黙の場に達したとき、私たちは力の場――そこではすべては一つの力です――すなわち、神に達します。集中した力は神です。**『黙せよ。しかして自らの神なることを知れ』とある通りです。**力の拡散は騒音をもたらし、力の集中は沈黙をもたらします。沈黙の中において神に繋《つな》がるのです。**神と一つになるのです。これは、人間が受け継いだ遺産です。

『私と神は一つである』。神の力と一つになるには、ただ一つの道があるだけです。それは、神と意識的に繋がることです。それは、私たちの外側で成し得るものではありません。なぜなら、神は私たちの内から現れるものだからです。『主はその聖なる宮にいます。すべての人々よ、主の御前に沈黙せよ』なのです。外界から内なる沈黙に向かったとき、私たちは神との意識的な融合を得るのです。神は、人間に活用されるために存在するのであり、人間は常に神を活用するようになることを、いつかは悟るときが来るでしょう。その時、人間が神の力と一つであることを悟るでしょう。また、その時初めて人間というものを、真に理解するでしょう。

さらに、これまで実相を欺き、くらましてきたものや虚栄を放下《ほうげ》するようになるでしょう。自我というものがどんなに無智で小さいものかが判るでしょう。その時初めて真理を深く学ぶ心構えができたことになるのです。傲慢《ごうまん》な者には学ぶことができず、謙虚な者のみが真理を学べることが判るでしょう。そのような人の足は、堅固な岩に立ち、もはや躓《つまず》くこともなく、心は定まり、平安となります。

最初のうちは、神が唯一の力であり、実質であり、知恵であることが判ると、混乱をきたすかもしれません。しかし、**神の本質を悟り、神を活発に表現するようになれば、人間は常時神の力を使用するようになるのです。食事をしていても、走っていても、息をしていても、さらには生涯をかけての大きな仕事をするにおいても、常時神の力に触れていることを知るでしょう。人間は今日までのところ、これまでよりももっと偉大な神の業を成し得ることを学んでいません。それは、神の力の偉大さを知らず、神の力は、人間が利用**

するためにあるということを知らないからです。

神は私たちが大声で繰り返し文句を言ったり、くどくど語ったりしても、私たちに耳を傾けることはありません。私たちは、内なるキリスト、内なる繋がりを通して神を求めなければならないのです。神は、内なる父が霊と真理において崇《あが》められるとき、神に対して真に魂の扉を開く者の叫びを聞くのです。

父なる神と密かに繋がる者こそ、すべての望みを成就する力が自分の内を貫流するのを感じるでしょう。自らの魂を神に向けて真摯《しんし》に開く者の呼びかけに、神は耳を傾けるのです。自らの魂の奥殿に父なる神を求め、他に迷うことなくそこに住み続ける者に、神は報いるのです。

イエスは、父なる神との個人的な触れ合いを、どれほど度々《たびたび》明らかにしたことでしょう。ごらんなさい、キリストがどんなに自分自身と内なる神との意識的な霊交を保ってきたかを。ごらんなさい、キリストが、いかに神が現にいらっしゃるように神と話したかを。この密かな内なる繋がりが、いかに彼を強くしたかを、よくごらんなさい。

神は、火や地震や嵐を通して語るのではなく、静かな小さき声、私たちの魂の底深くで、静かにして小さき声を通して語ることを、キリストは知っていたのです。このことが判ったとき、人は常に平静となり、落ち着いて考え抜くようになります。古い考えは、自然に消失し、新たな考えが整うようになります。そのうち、そうした生き方が楽であり、また能率的であることが判ります。そして、最終的には、思案に余る問題は、すべてこの沈黙の中に持ち込むことが賢明であることを知ります。そこでは、たとえ直ちに解決はしなくても、扱いに慣れてきます。そのため一日中せかせか動き回り、角突き合い、結局敗北の苦渋《くじゅう》を味わう必要はなくなります。

もし自分よりも優れた第三者――実は自分自身――を知るようになったら、彼を私室に招じ入れ、戸を閉めると良い。そうすればその者――すなわち自分自身――がもっとも危険な敵であることが判るとともに、その敵の克服の仕方も判るでしょう。つまり、**自分の真我を知るのです。自分にもっとも忠実な友、もっとも賢明な教師、もっとも安全な忠告者もまた、自分自身であることが判ります。沈黙の中に祭壇があり、その祭壇に鎮座する神は、不尽《ふじん》の火であり、すべての美と力の根源であり、それが本当の自分自身であることが判るでしょう。**

神は、沈黙のもっとも深き処《ところ》にまします。聖なるものの中でも、もっとも聖なるものが、内に在ります。私たちの望みは、すべて神の心中にあり、それゆえに、私たちの望みは、そのまま神の望みでもあります。神と人、父と子の親密な繋がりを実感するでしょう。実は一つであるのに（ちょうど魂と肉体の関係のように）、これまで別のものと思ってきたのは、実は、心で勝手にそう思い込んでいたのです。

神として偉大なるI AMが顕現される方法は想念、言葉、行為

神は天と地の両方を満たしています。

沈黙の中でヤコブに示されたのは、この偉大なる啓示でした。その時まで彼は、物質性という石の上で居眠りしていたのです。神の啓示がパッと閃《ひらめ》いたとき、外界は、内なる像《すがた》の表出に過ぎないことを彼は悟りました。その感動のあまりの叫びが、『確かに、神（あるいは法則）は、ここ（地上あるいは身体）に在り、私は今それを知った。ここは、神の住処以外の何物でもなく、かつ天国へと至る門である』でした。人はすべてヤコブのように、天に至る真の門は、自分自身の意識であることを知るでしょう。

ヤコブがビジョンで見たのは、この意識の梯子《はしご》なのです。この梯子を昇ってはじめて、私たちは皆、至高の沈黙の聖所に入ることができます。そうすれば、私たちは、自分が万

物の中心であり、可視のものも不可視のものも万物と一体であり、遍在するものの中にあり、かつその一部であることを知るのです。そのビジョンの中でヤコブは、地から天に至る梯子を見せられ、天使たちがその上を昇り降りする――すなわち、神の想念が、聖霊から形あるものへと下がり、再び聖霊に戻る――のを見ました。

これは、『天国が彼の前に開かれ』、神性の心に宿った観念が表現され、形あるものになるという、素晴らしい顕現《けんげん》の法則をイエスが悟ったときに、彼に降りたのと同じ啓示でした。この啓示によってイエスは、すべての形あるものは、その繋がっている意識を変えれば、形も変えることができるという真理を直《ただ》ちに悟りました。

イエスに対する最初の誘惑は、石の形をパンに変えることでした。この神の顕現法則の啓示とともに、イエスは他の可視の形あるものと同じように、石にしても普遍的な心の物質、すなわち神より来るものであり、石自身が、神の御心が形になって現れたものである一方、欲していても、形となって現れていないものは、まだこの普遍意識源質（Universal Mind Substance）の中に留まっており、それが創造すなわち形となって現れ、すべての欲望を満たそうとする態勢にあるという真理を摑《つか》んだのです。たとえば、パンを欲するということは、パンやその他なんであれ、必要なものを作る素材が無限に手近にあるのであって、石がそうであったのとまったく同じように、パンにしても、作られ得るものなのです。

人間が善きことを望めば、それはすべて神の望みです。故に、私たちは、周囲を取り巻く普遍意識源質の中に、すでに無限の供給を得ており、すべての望みを満たすことができるのです。**私たちの成すべきことは、神が私たちのためにすでに創造しているものの使用法を学ぶだけです。神は人間があらゆる制約より解放され『豊かにして自由』となることを望むからです。それが、人間に対する神の意志なのです。**イエスが、『私は扉である』と言われたのは、神として偉大なるI AM（我神なり＝実相）の生命と力と本質は、各人の魂の中にあるI AMが、各人を通して具現化する扉であることを表現したのです。このI AMが顕現される方法はただ一つで、それは、想念、言葉、行為です。このI AMすなわち神なる実相――それは、力、本質、智恵である――は、意識によってのみ形が与えられます。そのためキリストは、『汝《なんじ》の信ずるごとく汝になれ』と言われ、また『信じる者にはすべてのことが可能である』と言われたのです。

私たちは、今や神の力は、本質、智恵として、霊的な言葉で換言すれば、智恵、愛、真理として魂の中にあり、意識によって具現化し表現されることを知りました。意識は神の無限の心の中にあり、意識が人間です。その意識は、人間の心の中に持ち続けている観念、あるいは信念によって決定されます。

私たちの形態がやがて老い、死滅するのは、自分が霊とは別のものであると信じ込んでいるためです。霊こそすべてであり、形あるものはつねに霊が刻一刻とご自身の心を表現しつつあると判れば、霊から生まれるもの、霊より来るものは、霊そのものであることが判るでしょう。このような意識を通して次に啓示される偉大なる真理は、人間一人ひとりが神の心の観念であり、従って人間一人ひとりが神の心の中で完全なる理念として描かれている、ということです。よって、私たちは、自分のことをあれこれ思い煩《わずら》う必要はありません。私たちは、すでに神の完全な心の中で、完全な存在として、完全に考えられ、描かれているのです。このように悟ることによって、私たちは、神の心に触れ、神が私たちのためにすでに描かれたことを、私たちも再び描くことができるのです。これが、いわゆるイエスの言うところの、『再び生まれる』ということです。

これは、沈黙がもたらす偉大な贈り物です。なぜなら、神の心に触れることによって、私たちは神の心で考えることができ、それまで考えていたような自分ではなく、実相の自分自身を知ることができるからです。私たちは、正念によって神の心に接し、実相を開顕できます。

しかし、像が完全であろうと不完全であろうと、その実相は完全なる神の力、本質、知性です。私たちが変えたいと望むのは像の実相ではなく、実相が形となった像の方なのです。それは、心を再び刷新することにより、あるいは不完全な考え方から完全な考え方への切り替え、人間的な考え方から神の考え方に切り替えることによってできます。したがって、神を見出《みいだ》すこと、神に接すること、神と一つになること、神を現すことがいかに重要であることでしょう。

また、光輝に満ちた神の心が意識を照らすよう自己の心を沈黙させること、静止させることが、同様にいかに重要であることでしょう。その時初めて、私たちは、『正義(righteousness = right-use-ness：正しく使うこと)の太陽が癒しをその翼にもたらして昇るだろう』の意味を知るでしょう。

しかも、太陽の光が、暗黒の部屋に満ち溢《あふ》れるように、神の心が意識の中に満ち溢れます。また、自己の心の中に神の普遍心が浸透していくのは、ちょうど閉め切られていた室内の淀《よど》んで汚れていた空気の中に、莫大な量の空気が浸透していくようなものです。そこに、至高の存在——神——のみが鎮座し、私たちは一つの神殿のみを建てれば良いということに気づくのです。

生ける神の宮は、大いなるもの、普遍の超越神と小さきもの、人間に内在の神との融合から成り、したがって小さきものは大いなるものと一体となるのです。小さきものが大いなるものから離れたとき不純が生じます。融合するとき、純粋が生じます。融合すれば、もはや大いなるもの、小さきものの区別はなくなり、ただ一つの善き、全き、純粋なる大気があるだけです。

それとまったく同じように、神は一つであり、可視、不可視を問わず、すべては神と一つであることを私たちは知らなければなりません。罪にしても、病にしても、貧にしても、いずれも神から分離したことにその原因があるのです。人に全き存在であることを認識させるのは、神との融合です。

神との融合、神との一体からの分離が、意識の梯子を天使が降りるということです。神との一体に還ることが梯子を昇ることです。下降は元来美しいことなのです。それは、『一』が『多』として現れることだからです。『多』となったからといって、必ずしも分離と考える必要はありません。『多』を個別、つまり外側から考えるから分離と誤るのです。個別寄りの見方を高めていって、全体と一つになることが個々の魂にとって偉大な業です。

すべてが一致して一つの場所に相会するとき（その場所とは、可視・不可視を問わず、一切のものは同じ一つの神より現れると悟る心）、私たちはイエスと同じように変貌（心が変わったとき、姿・形までが変わる）の山に立ちます。その時私たちは、初めはイエス自身とイエスとともに在るモーゼ（律法）・エリア（預言）・キリスト（人間に内在する神を知る力）を見て三つの宮を建てようと考えますが、やがてその一段と深い意味が判ってきます。

すなわち、人は本来不滅であり、実相（神性）は決して失われることはなく、人間の実相は不死永生であることを知ります。するとモーゼ（律法）とエリア（預言）は消え去り、キリストのみが神々しく出《い》で立つのです。こうして私たちは、ただ一つの宮（すなわち、ほかならぬ私たち自身の中にある生ける神の宮）さえ建てれば良いことを悟ります。その時、聖霊は意識に満ち溢れ、罪、病、貧、死という迷妄《めいもう》の感覚は消失します。これが、沈黙の偉大な目的です。この宮の一片が欠けようと、傷がつこうと、直ちに修復します。これが、イエスが言うところの私たちの宮の徴《しるし》なのです。この宮が、私たちがこの地上にもたらす運命であった、人の手で造られたのではなく、天において永遠である宮なのです」

第7章

無限供給の原理／すべての願望を満たす絶対的法則

現象化するには「心の中で描くと成就するという法則」を使う

旅行から戻ってくると、村にはたくさんの見慣れない人たちがいました。それは、近隣から集まった人々です。この他に、225マイル（362㎞）も先の村へ巡礼に行くために集まっている大師たちも数名いましたが、私たちには、それが訝《いぶか》しく思われました。

というのは、私たちはその方向から戻ってきたのですが、砂の多い荒地に道が一本通っているだけで、それさえも、風が吹くたびにあちこちに砂が移動してできる砂丘に覆われ、草木もほとんど生えていない高地です。道はその彼方《かなた》のヒマラヤ山脈の支脈である小さな山波を越えて、いつ果てるともなく続いているからです。

ともかく、その晩私たちは、この一行に同行をもちかけられました。ヒマラヤ山脈の主脈越えをせずに帰るはずなので、今以上の面倒な旅装をする必要はないというのです。こうして私たち一行は、次の月曜日に出発することになりました。

ジャストとネプロウが準備万端整えてくれていたことは勿論《もちろん》です。月曜日の早朝、私たちは威勢よく300人の人々と勢揃《せいぞろ》いしました。

実はこれだけの群集の大部分が病身で、病を癒すことが目的で来ているのです。金曜日までは万事上手くいきましたが、日曜日になって、今までに経験したこともない、物凄い雷雨がやって来ました。

それからというもの、まる3日3晩、土砂降り続きでした。人々の話では、これも夏の前触れの一つだそうです。私たちの方は、とても便利な場所にキャンプを張ってあったので、雷雨の害は受けずに済みました。

しかし、私たちの最大の不安は食糧でした。今回の旅行には、遅延は計算に入れていなかったため、予定分の準備しかしてこなかったので、この遅延で一同が非常に不便をこうむることは間違いないからです。それだけではなく、もう一つ重大なことがありました。それは、私たちのみるかぎり、出発地に戻らないかぎり、食糧を補給する場がどこにもないことです。その出発地にしても、約120マイル（193㎞）も離れているうえに、その大部分が前述のように砂だらけの荒地です。

木曜の朝は快晴のうちに明けたので、どんどん先へ進めると予測していましたが、意外にも、先日の雷雨でぬかるんでいたため、増水している河水が引いて道が乾き、楽に進めるようになるまで待機することになりました。いよいよ食糧が底をつくのではないかと、心中では、みんなが心配していました。なかには、それを口に出して言う者もいました。すると、全員の世話をしているエミール師がやって来て、こう言ったのです。

「心配するには及びません。神は大小のいかんにかかわらず、その一切の被造物の世話を見るものです。私たちも神の被造物ではありませんか。ほら、ここに5、6粒の麦種があります。これを植えることにしましょう。これは、麦が欲しいと宣言したことになるわけです。そうすると、私は心の中で麦という穀物を形づくったことになります（つまり、**現象化するにはまず『心の中で描くと成就するという法則』を使う**）。したがって、そのうちに麦が芽を出すでしょう。しかし、大自然は成長も発展も時間がかかります。その大自然が麦を生長させる、根気のいる長い過程を待つ必要があるでしょうか。もしそうなら、麦を手に入れるのに辛い思いをして長い間待たなければなりません。

では、なぜ父なる神が私たちに与えてくださった、より高度でより完全な法則を使わないのでしょうか？　それを使うために必要なのは、心を静め、麦を心の中で観じること、換言するなら、その理想的状況を描くことです。そうすると、きちんと手入れされて使用する準備ができている麦が手に入るのです。もし本物かどうか疑わしいなら、それを集め、粉にひいてパンにしてみるといいです」

すると、私たちの目の前に麦が生え出て、見る見るうちに伸び、きちんと手入れされた状態になったので、それを集めてひき、後でパンにしたのです。

　エミール師はなおも語り続けました。

「みなさんは、今これを目の前で見て、信じました。今度は一層完全な法則を適用して、一層完全なもの、すなわちみなさんのちょうど望んでいるもの、つまりパンを顕現《けんげん》しましょう。この完全な法則、みなさんならより精妙であると言いそうな法則を適用して、私が自分のまさしく必要とするもの、すなわちパンを出すのを、お見せしましょう」

　私たちが、まるで魔法にでもかかったかのように呆然と立ち尽くしていると、大きなパンが1個、彼の手の中に現れました。しかも、パンは次々現れて、テーブルの上にエミール師が40個並べるまで、尽きなかったのです。

「ご覧の通り、みなさんに行き渡るだけあります。もしそれで足りなければ、有り余るまで供給することができます」

　一同がそのパンを食べてみたところ、確かに美味しいと声に出すほどでした。

　エミール師は、さらに続けて語りました。

「イエスがガリラヤで、ピリポに、『どこでパンを買おうか』とお訊ねになったのは、実はピリポを試すためでした。というのは、イエス自身は、心の中では群衆にパンを買う必要もなければ、その頃あった市場で材料を揃える必要もないことは、充分にご存じだったからです。

イエスは今や、聖霊によってパンが発酵され増やされる力を、弟子たちに証明する機会が到来したことをお知りになったのです。人間は、なんと度々ピリポのように人間心で考えることでしょう。ピリポは今でも私たちが人間心で計算するように、手元の目に見えるだけの食糧から計算したのです。手持ちのパン、品物あるいは金は、これこれある等と考えながら。

いっぽう、キリスト意識にある人には、制約は無用であることをイエスは認識していたために、イエスはキリスト意識において、神をすべての根源、創造主とみなし、すべての願望を満たす力と源質とをすでに所有していることに感謝したのです。それからイエスはパンを割いて、弟子たちを通して飢える人々に配って空腹を満たし、なお籠2杯分も余ったのです。

イエスはご自身や他の人たちの必要を満たすのに、人の余りものに頼ることは、決してしませんでした。私たちに必要なものは、すべての供給の源泉である普遍源質の中にすすでにあり、私たちはただそれを創り出すか、引き出しさえすればいい、と説きました。ちょうどエリシャが寡婦のオイルを増やしたときもそうでした。イエスは、油を余分に持っている誰かに頼んだりはしませんでした。もしそうすれば、供給は限られたものになったでしょう。

イエスは、普遍なるものに触れたのです。オイルの供給源に限度があったのは、容器がすべて一杯になってしまって、それ以上入れる余地がなかったからです。容器さえあれば今日まででも供給は続き、オイルはこんこんと溢れて尽きることがなかったでしょう。

これは、催眠術ではありません。現にみなさんの中で、催眠術にかかっていると思っている人は一人もいないはずです。ここで特に断っておきたいことは、催眠術は一つしかないということです。それは、人間には神の完全なる御業をみずから成して自分の欲する事物を創造できないと信じ込む自己催眠だけです。必要とすること自体に、創造の意欲が働いているではありませんか。それなのに、神の意志に反して、実相を展開し、創造しようとしないで、自分自身の小さな殻に閉じこもり、自分にはできないと自己催眠にかかり、遂には自分を神とはまったく別の存在だと信じ込んでしまうのです。みなさんはただ、自分自身の完全な創造、あるいは表現が足りないだけです。あなた方は神の望みに反して、神があなた方を通して表現しようとするのを妨げているのです。

大師イエスは、『あなた方も私のする業を成すであろう。これよりもさらに大きな業を成すであろう』と言われました。人間が神の子として、実相において神と同じく完全に、且つ調和のうちに創造し得るものであることを示すことが、地上における、イエスの本当の使命だったのでしょう。

イエスが盲目の男にシロアムの池で目を洗うように命じたことは、実はすべての人々の心の目を開こうとするためだったと思えます。父なる神は、私たち人間が、神とまったく同様に創造することを意図しているのだということを示すために、イエスを遣《つか》わされたのであって、人間の実相がすべてキリストであることを認めることにより、誰でもイエスと同じく完全な御業ができるようになっていることを、すべての人は悟るべきでした。

必要なものすべては普遍源質（すなわち神）から取り出せる

では、ここで話を一段階進めましょう。

今、私が受け取って手に持っていたパンが、ちょうど火で燃え尽きるように無くなりました。一体どういうことでしょうか？　それは、私の思いを現象化した完全法則を誤用したため、つまり正しく使わず、正しい目的に使わないために、せっかく現象化したものを焼尽させてしまったのです。それが、音楽や数学、その他のいわゆる自然法則と同様に、厳正な完全法則なのです。もし私がこのような完全法則を誤用し続けていくなら、それは私が創造したものだけでなく、しまいには、創り手の私までをも消してしまうでしょう。

それでは、パンは本当に消えてしまったのでしょうか？　なるほど、パンの形は一応変わりました。パンの代わりに僅《わず》かな埃《ほこり》か灰が残っているだけですから。しかし、実際には本来の普遍源質に還元されたのではないでしょうか？　それは今、未発の形の中に潜在して、後日の再発現を待っているのではないでしょうか？　燃焼、朽廃《きゅうはい》、その他さまざまな過程を経て私たちの視界から消えていく有形物は、皆そうしたものではないでしょうか？

それらはすべて、出発点の普遍源質、すなわち神に還るのではないでしょうか？　これが『天より降りたるものは天に昇らなくてはならない』ということの意味ではないでしょうか？

一見したところ、これといった原因もないのに氷ができたのを、みなさんは少し前に目撃しました。パンを創る場合にしてもそうです。人類にとって有益である限り、あるいは法則に従って働く限り、つまり神が万人にそうあって欲しいと望まれるように表現するのである限り、私は法則を活用してパンでも氷でも創ることができます。

こういう風にしてみんながパンや氷、欲するものをなんでもすべて創れることは結構なことであって、みんながそうできるところまで早く向上していかなければなりません。イエスのように『我神の子なり』と悟り、**最高の法則、すなわち神の絶対的法則を使用すれば、みなさんの必要とする事物、あるいはみなさんが最高の理想として胸中に包蔵《ほうぞう》するものを実現することができるのです。**

この法則の実現に、これまでの金儲け主義への隷従《れいじゅう》、その他すべての奴隷状態からの解放が暗示されているではありませんか。私の見るところでは、ここ数年もすれば、すべての隷属化のうちでも、金儲け主義への隷属化が最大のものとなるでしょう。もし今の状態で行くなら、営利主義が人間の魂と体をともに支配し、遂には営利行為自体および営利行為に関心のある人々自体までが消滅するほかないでしょう。はじめのうちは、営利主義が高い霊的段階にあったことに疑いはありませんが、そのうち物質主義が忍び込む誘因となって、遂には本来付随している創造力までをも破壊力に変えてしまうのです。それは、創造する力そのものを正しく使わなければ、遂に破壊する力になるようなものです。

このような営利主義や制約が私たちにのしかかってくるということは、私たちがそれを超越すること、すなわち克服しなければならないことを悟らせつつあるのではないでしょうか？　私たちも神の完全な御業を成すべきであること、私たちの意識をキリスト意識にまで高めるべきであることを悟るだけで、それが可能なのではないでしょうか？　これこそ、イエスが地上で私たちに教えられたことではないでしょうか？　イエスの生涯は、身をもってこれを示すことであったのではないでしょうか？

善と悪――人間は自らの想念の力で相反するものを造り上げた

愛する兄弟たちよ、初めに言葉があり、言葉は神とともにありました。

みなさんは、このことが本当にお判りでしょうか？

この天地創造の初めには、のちに形作られるべきものはみな普遍意識源質、一部の間で用いられる表現を使えば、カオス（chaos）の中に、未顕現の形で存在していました。カオスという言葉は、原語では実存（actuality）を指します。カオスという言葉は、誤って、混沌《こんとん》あるいは闘う状態の意味に解釈されますが、本当の意味は、明確で創造的な言葉として発声され、次第に具体的現実となって顕現しようと常に待機している深い霊的実存の状態のことなのです。

神なる大原理が、普遍意識源質から世界を創り出す際、神は黙して瞑想したのです。換言すれば、神は理想的な世界を観じたのです。世界形成の元となる源質をその波動が低下するまで心の中で保持し続け、そのあとに言葉を発したとき、世界が顕現したのです。

あるいは、こう言い換えても良いです。神がある精神的原型を観じると、世界形成に要する源質がその中に流入し、この原型の上に、完全な外形が出来上がった、と。以上全部を、無限力の神がいかに思いついたとしても、いくら長い間それを具体化しようと望んでも、明確な言葉としての無形のエーテル（すなわち普遍意識源質）の中に投入しなければ、何一つとして創造は行われなかったでしょうし、また、何一つとして、可視の形態もなかったでしょう。

このように、無限にして全能なる創造主でさえ、その想念と希望を目に見える形で結実、確立し、実存から秩序ある形をもたらすためには、『在れ！』という明確で、積極的な言葉の発声が必要だったのです。したがって、私たちも何かを創造する際には、明確な手段を取らなければなりません。

神は完全な理想世界をあらゆる微細な点に至るまで心に保持しています。そしてその理想世界は、天国として実現すること、すなわち神の子供たち、生き物、創造物すべてが平和と調和の中に住む完全な家として出現することになっています。これは、神が最初に観じた完全なる世界であり、今も想念している世界です。私たちが一つの場所に集まり、みんなが一つであり、全体として一人の人間であること、私たちの四肢の一つ一つが体全体の一部であるように、私たちみんなが神の肉体の一部であると悟ったときこそ、私たちは、神の王国、今ここ天国の中にいるのです。

このことを明確にするためには、天国には物質というものは何一つなく、すべては魂のみであることを知らなければなりません。**天国とは、「完全なる意識の状態」、「今ここが完全なる世界」であることを知らなければなりません。**それを受け入れることです。そのような天国が私たちの周りにあって、私たちの内なる目が開くのを待っています。その目によって、私たちの肉体は光となるのです。それは、太陽や月の光ではなく、父なる神の光となります。

父なる神は私たちの存在の奥に、今ここに在るのです。物質性のものは、一つとしてなく、すべては魂であることを知らなければなりません。そして、今ここに在る神の与えた驚嘆すべき霊的世界について思いを致さなければならないのです。神はこのようにして、万物を創られました。

神は初めに黙し、瞑想して光を内観し、その後に言いました。『光あれ』と。すると、その通りになりました。同じ方法で、神が『空あれ』と言うと、その通りになりました。他の被造物もすべて同じです。神はそれぞれの形、あるいは想念をしっかり意識の中に保ち続けてから、言葉を発しました。すると、想念が具現化したのです。人間の場合も同じです。

神は言いました。『わが像《すがた》にかたどりて造り、ものみなのうえに君臨せしめん』と。それからというもの、人間は善のみを見ました。神から離れ、二元論に陥るまでの間は、すべてが善《よ》かったのです。

ところが、後に二元論に陥ったとき、人間は自らの想念の力で二つのものを造り上げてしまいました。善と、その反対である悪です。二つのものがあると、それらは互いに相反するのです。こうして、注目すれば、注目したものが表出および実現されるという、人間に本来備わっている完全なパワーで悪を見つめることによって、悪が造り出されてしまったのです。もし人間が悪を見なければ、悪は出現の力を与えられなかったでしょう。そして善のみが現れて、私たちは今もなお、神が見る通りに完全であったでしょう。神の目から見れば、天国は最初から今ここに、常にあるのではないでしょうか？　私たちは、それを具体的に顕現するよう努力すべきではないでしょうか？

霊体の示現のため、イエスは十字架上の磔《はりつけ》を選んだ

イエスには、ご自分を天国より来た者と断言するだけの権利がありました。なぜなら、人はみな天国、すなわち大いなる普遍意識源質から降臨した者だからです。

人は神の像に似せて造られた者である以上、神は人間に対してご自身とまったく同じような創造力を与えられたのではないでしょうか？　さらに神は人間に対して、神同様に自由に、しかも神とまったく同じ方法でこの創造力を駆使することを期待しているのではないでしょうか？　その方法は、**まず必要なものを認識し、その形を意識の中に描き続け、そのうちでも崇高なもの、理想的なものを観じ、それから、『すでに得られたり、善し』と言葉に出して言うことです。そうすると、普遍意識源質がその中に流れ入って形の中身**

となり、観じた通りの善きものとなって出現するのです。

イエスが十字架に処せられたとき、その外殻である肉体は放ちましたが、それは肉体よりもなお深いところに霊体があることを示すためであって、イエスが墓から出たときに現れたのが、この霊体でした。

『この神殿を壊してみなさい。わたしは三日でそれを建て直そう』とイエスが言ったのは、実はこの体だったのです。私たち人間にも同様に、まったく同じ霊体があり、イエスの成した御業は、すべて私たちにもできることを示すために、イエスは十字架にかかり、蘇ったのです。

もしイエスが助かりたいと思えば、助かっていたことに疑いはありません。しかし、イエスはご自分の身体に偉大な変化が起こりつつあるのを悟っていました。イエスの努力にもかかわらず、周囲の人々は、自分たちにもイエスと同様に霊体を示現できることを悟れませんでした。

このことにイエスは気づいたのです。彼らの関心は、いまだに個としてのイエスに向いていたのです。イエスが決定的に変わった何らかの方法で霊体を示現してみせなければ、人々は物質的なものと霊的なものとの識別ができないことを悟りました。この変わった方法として、イエスは十字架上の磔《はりつけ》を選んだのです。まさに、これこそが、私たち全員が敬愛する大師イエスが、垂示《すいじ》しようとして来た人間内在のキリスト（実相）ではないでしょうか？

神に至る完全な道を私たちに示すために、イエスはその生涯をこの地上で展開したのでしょう。種子植えの仕事にしても、パン造りにしても、その他人間生活に必要なさまざまな仕事において、いったん理想的な方法を知った以上は、その方法を愛さずにいられるでしょうか？　これらの御業は、私たちを実相開顕にこぎつけさせるための、教訓なのでしょう。

私たちは、いつの日か、神の僕《しもべ》ではなく、真実神の子そのものになること、神の子として父の所有するすべてを所有できること、事実また所有していること、父のように自由にそれを行使できることを悟るでしょう。そのためには、初めのうちは、確固たる信念が必要です。それは一歩一歩踏み固めていき、音楽や数学のように忠実に研修したのち、叡智《えいち》——未知のものを闇雲に信じるだけでなく、既知のものとしてわがものにする叡智——の場に出ます。その時こそ、人は見事に自由自在の境地に入るのです。

その点イエスの生涯ほど、その模範を立派に体現したものが、他にあるでしょうか？

みなさん、この聖名、イエス（すなわち、開顕した内在のキリスト、肉体人間を通して顕現する神）の中にある力がお判りですか？

イエスは、神についてのご自分の認識に完全に頼り切るレベルまで達していて、これがイエスの偉大な御業を成す方法でした。イエスは、ご自分の意志の力、あるいは強力な思念集中に頼ったのではありません。私たちの場合もそうあるべきであって自我の意志力や念力に頼るべきではなく、神のご意志にこそ頼るべきです。『おお神よ、我が意志ではなく、あなたの意志が成されますように』なのです。

イエスはあらゆる物事において、神の意志を成すこと、あるいは神がイエスに望んだことのみを成そうとしたのです。

それぞれの魂が、神自身に等しい力と表現と支配権を包蔵することを思いなさい

聖書に『イエスが高い山に登られた』という記述が度々あるのに、みなさんは気づかれましたか？

実際にイエスが高い山に肉体をもって登ったかどうかは、私は知りません。しかし、これだけは知っています。私たちは、大いなる悟りと魂の光耀《こうよう》を得るためには、すべて高きところ、すなわち心の中のいと高きところに昇らなければならないということです。この高いところとは、頭頂を意味するのであって、もし現在この頭頂に秘められた能力が出ていなければ、霊的想念によって開発する必要があります。

次に、愛の中心である心臓から、私たちはありとあらゆるものに、愛を注がなければなりません。そのとき内在のキリストは出現し、そうして初めて人の子が実は神の子、父なる神がたいそう喜ぶ一人子であることを悟ります。したがって、私たちは、不断に愛を注いで、すべての人々のために、これを実現しなければならないのです。

しばし歩みを止めて、深く思いを致すと良いです。

浜辺に広がる無数の砂粒を、集まっては地上の海や沼となる無数の水滴を、あるいは地上の湖沼に棲む無数の生物を、さらには、地球の内部に潜む無数の岩片、地上における、無数の草木、花、動物たちを。そして、これらすべてが神の偉大なる普遍心の中において神が思い続けている理念像の投影であり、その一つ一つに神の生命が在ることを知ると良い。さらにまた、この地上に生まれくる無数の魂を思ってみると良い。それら魂の一つ一つが、神の理念像の反映であり、神はそれらをご自身のようにみなすことを知ってください。**それぞれの魂が、神自身に等しい力と表現と支配権を包蔵することを思いなさい。**

神は人に対し、神に似た、否、神より与えられたこれらの能力を開発して、すべての中にすべてを通し、すべての上に満ちて働く神＝唯一偉大なる普遍心によって与えられた遺産を通じて、神の御業を成すことを意図し、また、望みます。そうであるなら、各人は見えざる宇宙大霊より発して具現化する神の顕現であり、神の愛《め》でる表現の器です。この真理を知り、受け入れるとき、私たちは、初めてイエスとともに、『見よ、ここにキリスト在り』と言うことができます。

実にこのようにして、イエスは死を定められた自我、すなわち肉我を克服したのです。イエスは、自らの神性を認め、主張し、受容することによって、私たちの生きるべき生涯を生きて見せたのです」

第8章

水上歩行／パワーと想念の力を正しく使う

「川の流れの上を歩く」という神秘現象を目撃する

8日遅れて月曜日の朝、私たちはキャンプをたたんで前進しました。

3日目が暮れる頃、大きな河岸に到着しました。河幅は約600mもあり、岸一杯に河水が滔々《とうとう》と流れ、その速さは少なくとも時速10マイル（16㎞）はあるかと思われました。いつもなら、ちょうど私たちのいるところから、なんの苦も無く渡れるそうです。やむを得ず、私たちは翌朝までキャンプを張り、河水の増減を調べることにしました。遥か上流にかかっている橋なら渡れますが、そこまで行き着くには、遠回りして、少なくとも4日も苦しい旅をしなければならないそうです。したがって、もし水が引いていくのなら、遠回りするよりは、ここで3、4日待った方が良いということになりました。

食糧にはもう何の心配も要らないことは、前回の体験で判っています。あの時以来、食糧が尽きると、300人以上もの一行が出発点の村に帰還するまで、私たちのいわゆる、不可視者より贅沢に供給され続けたのです。

しかし、これまでのところ、私たちが経験しつつあった神秘的現象の本当の意味を悟るものは、一行の中には一人もおらず、またそのような神秘現象が、ある明確な法則によって成就されるのであり、その法則は誰にも行使できるものであることに悟り及んだものは一人もいませんでした。

翌朝、朝食に一同が集合すると、5人の見慣れない人たちがキャンプにいることに気づきました。

紹介の際、この人たちが河向こうでキャンプを張っている一隊からやって来た人たちで、私たちの目的地に帰るところであると聞いても、私たちは、その時は別に気にも留めませんでした。というのは、当然どこかでボートを見つけて、河を渡ってきたものとしか思わなかったからです。

そして、私たちの一行の誰かが、「この人たちにボートがあるなら、私たちにも使わせてもらって、河を渡りましょう」と言い出したのです。他のメンバーにしても、それが今の窮地から脱する唯一の手立てだと思ったはずです。しかし、意外なことに、この河はボートを常備しなければならないほどの河でもないので、どこにもボートはないという返事でした。

朝食の後で、一同が河岸に寄ってみると、エミール師、ジャスト、ネプロウと私たち一同の4人がその5人の客人と話していました。

やがてジャストがこちらにやって来て、「河の水が引く気配があるかどうか明朝まで待って調べることにしたので、あの方たちと一緒に河を渡って、向こうのキャンプまで行こうと思う」と言いました。

私たちの好奇心がかき立てられたのは勿論《もちろん》ですが、同時に、ただ友情のしるしだからと言って、こんな勢いで流れている河を泳ぎ渡ってまで隣人を訪問しようなどとは、いささか馬鹿げていると思われました。こんなところで、河を渡るには、泳ぐより他に方法はないと私たちは思い込んでいたのです。

さて、ジャストが元のところへ戻ると、12人の人たちが、衣服を完全に着けたまま河岸に歩いていき、至極平然として、水の中ではなく、水の上に、足を踏み出したのです。

12人が12人とも固い地面から水流の上に足を踏み出すのを目撃したときの気持ちを、私は決して忘れることはないでしょう。勿論、水中にそのまま没するに違いないと思いながら、ハッと息を呑みました。後で聞くと、他のメンバーも皆そうだったらしいのです。

一同が中流を過ぎるまでには、みな固唾《かたず》を呑んで見守っていました。それほど私たちは驚き、緊張し、一同がなんら困惑する様子もなく、河の中に沈みもしないで、流れの上を落ち着き払って歩いているのを見ていました。

彼らが向こう岸に渡りきったときには、私は数トンの重荷が肩から降りた思いがし、最後の人が無事に着いたときなどは、思わず安堵の吐息が出たものでした。これを目撃していた人は、みなそうだったと思います。実にそれは、筆舌に尽くしがたい経験でした。

エミール師、ジャスト、ネプロウと4人の仲間は昼食に戻ってきました。2度目の渡河のときの興奮はさほどでもなかったので、一同が安全にこちらの岸に着いたときは、みな前回よりも楽に呼吸ができました。その午前中はメンバーの誰も河岸から離れず、また先ほどのことを話し合おうともせず、それぞれに物思いに耽《ふけ》っていました。

橋のあるところまで回り道をして河を渡ることで意見が一致したのは、その日の午後になってからでした。遠回りの準備を整え、翌日は早朝に起床しました。

私たちの出発前に、一行のうちの52人は平然として河へ行き、前日の12人のように水上を歩いて渡っていきました。私たちも一緒に渡れるからと言われましたが、敢えて試みるだけの信念のある人は、結局一人も出ませんでした。

ジャストとネプロウだけは、私たちと行動を共にすると言って譲りませんでした。私たち自身は、どうせ渡河組の人たちに追いついて行けるのだから、この二人には水上歩行をして直行してもらえば、わざわざ遠回りの不便をかけずに済むからと言って、思い止まらせようとしましたが、遠回りするぐらい絶対になんでもないと言い張って、自説を曲げようとせず、結局私たちと行動を共にすることになりました。

渡河先行組に合流するまでの4日間に、私たちの話題や考えの対象は、もっぱらこの驚嘆すべき人々と共に過ごした短期間に起こった、目を見張るような出来事でした。この大《だい》迂回《うかい》旅行の2日目、暑い太陽に照りつけられながら山の険しい中腹を喘《あえ》ぎ喘ぎ登っていました。その時、この2日間ほとんどひと言も発しなかった隊長が、突然口を開きました。

「なあ、みんな。一体なんで人間はこの地球を這《は》いずり回らなきゃならないんだい？」

みなが異口同音に、「僕もそう思っていたんですよ」と、同意しました。

「世の中には、あんなことのできる人たちも少数ながらいるというのに、僕らにはそれができないというのは、一体どういうわけだろう。考えてみれば、人間ともあろうものが、這うことに満足するとは、いや、這わなければならないとは、一体どういうわけなんだ。

人間が万物に対して支配権を与えられているというなら、鳥のように飛ぶ力だって、確かに与えられているはずだ。それが人間の主権なら、なぜずっと昔にそれを主張しなかったのだろう。その責めは、きっと、人間の心の中にあるに違いない。人間が自分自身を死に定められた者と考えているところからきたはずだ。人間は這っている自分の姿しか心に描けないから、その通り外界に現れて、こうしてただ這うだけの存在になったのだ」

その考えを受けてジャストが言いました。

「まったくその通りです。それはみな人間の意識の中にあるんです。**人間は自分自身で考える通りの有限でもあれば無限でもあり、束縛の身でもあれば自由の身でもあります。**

遠回りの不便を避けて昨日河を渡った方々は、あなた方以上の何か特別の種類の人間と思っているのですか？　否です。あの方たちは、あなた方と何か違った方法で造られた人間ではないのです。あの方々は一原子分もあなた方以上のパワーを持っているわけではないのです。

ただ、神から与えられたパワーと想念の力を正しく使用し、開発してきただけです。

私たちと一緒にいる間にあなた方が見てきたことは、あなた方だってまったく同様に充分、且つ自由自在にやり遂げられるのです。それはみな明確な法則に従っているのであって、どんな人でもその気になりさえすれば、この法則が使用できるのですよ」

ここまできて話は終わり、私たちは歩み続け、ようやく渡河組の52人に追いつき、村へ向かって進んでいきました。

第9章

癒しの寺院／生命、愛、調和、平和を表す言葉から来る強烈な波動

通り抜けるだけですべての病気が癒される寺院

この村には、癒しの寺院というものがありました。

建立以来この寺院の中では、ただ生命、愛、平和という言葉のみが口にされてきて、それが極めて強烈な波動となって蓄積され、寺院を通り抜けるだけで、ほとんどすべての病気がたちどころに癒されるというのです。

この寺院では、生命、愛、平和という言葉だけが、とても長年にわたって語られてきているので、それから出る波動は極めて強烈であり、たとえ不調和や不完全を意味する言葉をいつ何時使ってみても、何の影響も及ぼせないそうです。

人間の場合も同じで、生命、愛、調和、平和を現す言葉だけを出すようにすれば、そのうち不調和な言葉など出せなくなるでしょう。事実私たちは、不調和な言葉を使ってみようと試みましたが、その都度《つど》それは言葉になりませんでした。

前述した病気癒しを求める一隊の目的地がこの寺院だったのです。

この付近に住んでいる大師たちは、ある期間を献身と指導の時期と定め、その時期に指導や助けを求めてくる人々のためにこの村に集まってくる慣《なら》わしになっていました。この寺院はもっぱら治病のために献じられていて、常時公開されていました。一般人すべてが大師たちに接触するのは必ずしも可能ではないので、病気治しを求める人々には、この寺院に詣《もう》でることを勧め、巡礼に集まってきた人々は治しません。

それでも巡礼者の一行と同行するのは、大師たちが常人となんら変わるものではないことを実際に示すため、また人間は誰でも神によって与えられた力を等しく包蔵していることを示すためなのです。大師たちが河を歩いて渡ったのも、どんな緊急状態にも超然としていられることと、私たちもいずれそうなることを示すためだったのです。

この寺院への往来《おうらい》が叶《かな》わない土地では、大師たちに救いを求めてくるわけですが、その人たちは、大きな恩恵を被ります。もちろん、そういう人たちの中には、単に好奇心に駆られた人々や不信の徒も混じっていて、なんの功徳にも与《あずか》らないような輩《やから》もいます。

しかし、私たちは、およそ200~2000人から成る集団をいくつも見てきましたが、その中で癒しを求めた人たち全員が現に癒されたのを、この目で見ました。

心の中で、「健康になりたい」とはっきり唱えることで治ったのだと、実に多くの人々が私たちに語っています。別々の日時に治された人たちもたくさん目撃しましたが、ほとんどその90パーセントが根治であり、寺院内で治ったものは、100パーセント完全治癒のようでした。寺院は1か所のみにある建物ですが、見えざる神の中心、個我の中にあるキリスト（実相）を象徴します（それはあたかも教会がかくのごとき神、すなわち個我に内在するキリストなる中心を象徴すべきであるごとく）。

誰でも、希望すれば常時そこを訪ねることができます。訪問の回数も宿泊の日数も自由です。このようにしてここを訪れる人々の心の中におのずと理念が形成され、やがてそれが定着するようになります。以下はエミール師の言葉です。

「ここから過去における偶像崇拝への導火線となった暗示が生まれてきます。

当時、人々は自分たちの理想化している姿を木や石、金、銀、真鍮に刻み込もうとしました。大体偶像というものは、不完全にしか理念を描けないものです。姿あるいは偶像は、できた途端に、理念には到底及ばないことに人は気づき、やがて偶像ではなく愛こそを仰ぎ見るべきであること、偶像を刻んで理念の象徴とするよりも、心底から表現したいと願うものを自分の理念とすべきことを知らされるものです。次には、私たちの理念を表現する人間を理想化してしまい、それが新しい形式の偶像になってしまいます。しかし、私たちはその人が表現する理念を自分の理想とすべきであって、人間としての相手を理想化すべきではありません。このことは、イエスのような偉大な人物にも当てはまります。

イエスはご自分が現した理念ではなく、イエスの個我を大衆が理想化しつつあることに気づかれたために、大衆の元から去ることを選んだのです。大衆は、イエスが彼らの形而下的欲求を満たせると知ったからこそ、王につけようとしたのであって、自分たち自身にも、必要とするものをすべて満たす力が内在し、それをイエスのように実現すべきであると悟ったからではありません。

イエスは言いました。『私は去るが良い。私が去らなければ、慰め手は来ないであろう』。それは、人々がイエスの個我に頼る限り、彼ら自身の力を遂に知らずに終わるという意味だったのです。人間は内面を、自分の内奥をこそ求めるべきであるからです。『あなたたちに教え、あるいは告げる者があろう。しかし、あなたたち自身で業を成すべきである。他に頼るならば、理想ではなく偶像を建てることになろう』

私たちは、驚嘆すべき数々の癒しを目撃しました。

ある者は、寺院を通り抜けるだけで癒されました。あるいは、かなりの時間をそこで費やして初めて癒された者もいました。いずれの場合にしても、誰一人として、儀式を行う者はいませんでした。

発声された言葉の波動はそれほどパワフルであり、その影響範囲内に来る者は、すべておのずから功徳《くどく》を受けました。骨化症を患っている男性が寺院に運ばれるや、完全に癒されるのを目撃したことがあります。1時間後に完全に回復して歩いて帰りましたが、その男性は、後で私たち一行のために、4か月も働いてくれました。

無くなっていた片手の指が完全に生えた男性がいますし、手足が萎《な》え身体が歪《ゆが》んでいた少年で、瞬間的に癒されて歩いて寺院から出て行った者もいました。

実際に寺院に入った人々は、ことごとく癒されました。その時癒された人に、2、3年後に直接会う機会もありました。再発することがあれば、それは本人に本当の霊的理解が欠けているためだそうです。

第10章

国家永続のための霊的パワー

万物の中にある完全なキリスト意識

本部に戻ってみると、もう皆は山越えの支度を済ませていました。1日休養を取り、人足や馬を入れ替えてから、私たちは第2行程に出発しました。今度は本当のヒマラヤ越えです。しかし、その後の20日間は、別にこれといって特筆すべきこともなく過ぎました。

エミール師がキリスト意識（我キリストなり、すなわち我神の子なり）についてこう語りました。

「私たちが、キリスト意識を持ち得るのは、心または想念の働きによるものです。この想念の力でキリスト意識が自分の中にあるということをまず認めれば、自分の肉体を変質させ進化させることができ、死という変化も体験しないで済むでしょう。それは人間が心の中に描く力、理想を描く力、考える力、注目するものを実現する力によって成し遂げられます。

まず、キリストは、自分の内に在りと知ること、観ずること、あるいは信じること、イエスの教えの本当の意味を悟ること、私たちの身体が神の像《かたち》に似せて造られ、神と一体であると知り、神が見るように自分の身体を神の完全な身体と融合させること等によってできます。

私たちは、完全な神の身体を理想として描き、考え、且《か》つそれを実現しました。私たちは、本当に魂の王国の中に生まれ変わってきているのです。この方法で、私たちはすべてのものを、本来の普遍意識源質にいったん還元してから再び具現化できるのです。それを純粋で、霊的で、完全なるものとして心の中で描き続けていると、波動が下がり、やがて完全な形となって具現化してきます。

こうして、私たちは、すべての偽信、旧態、罪、過去の生活を消し去ることができます。それらがなんであったか、良かったか、それとも悪かったかは、問題ではありません。また、偽信、疑惑、不信、あるいは恐怖を自分で、または他人が山ほど私たちの周囲の人生の行く手に積み上げたところで、何ら問題にもなりません。そういう人たちに私たちはこう言います。

『今、私はあなたをすべての本源であり、すべてが完全な像《すがた》を呈し、あなたの本源でもある普遍意識源質の大洋に、あなたを創造した元素にあなたを還元し、一体にします。その後、あなたを復帰させ、常にあなたを絶対完全な像として観じ続けます』

また、自分自身にこう言いましょう。『旧い秩序に埋もれた中で、私は今気づきました。これまで、あなたを不完全にしか現せていなかったことを。あなたは不完全にしか現れていないことを。しかし今や真理を悟った以上、私はあなたを、神が御覧になるあなたの姿のままで、完全に現します。今やあなたは完全な者として生まれ変わったのです。今その通りになった（旧約聖書・創世記）のです』

そうすると内なるアルケミスト、すなわち内在の神がこれを受け取り、今や神の御許に還元された不完全な現象（その責任は元来は私たちにあるのです）を、神は変質し精錬します。そして、神の身体のごとく歓びに満ち、完全、美麗、自由な身体として、私たちに返してくださるのです。このことを、私たちは悟らなければなりません。最後に、これが万物の中に、万物のためにある完全なキリスト意識であると悟らなければなりません。これこそ、『キリストとともに神の中に隠れる者』です』」

アメリカは全世界のガイドとなるよう運命づけられていた

7月4日の朝、峠の頂点に着きました。私たちは1日の休みを取って良いだけの仕事をしたし、その休みを祝うのに7月4日に勝る日はない、とエミール師は前日の晩に話していたのです。

朝食のときエミール師は語り始めました。

「今日は7月4日で、みなさんの国の独立誕生を祝う日です。この日は実に有意義で素晴らしい日です。

みなさんは、もう私たちに大なり小なりの信頼を寄せてくれていると思います。そこで、腹蔵なく話させてもらいます。あと数日もすれば、今私の言っていることが、事実であることが、はっきりと証明できるでしょう。私たちはみなさんのお国をアメリカと呼び、その住民をアメリカ人と呼ぶことを好ましく思っています。この意義ある日に、この偉大なる国にアメリカ人として生まれた方々と共に語り、目と目を交《か》わしあえるこの暫《しば》くの時間が私たちにもたらしてくれるこの歓びは、みなさんには理解してもらえないでしょう。

実は、私たちの中には、コロンブスがあの記念すべき探検に船出するよりも前から、お国を見守る特権を与えられた方々が、若干名います。他にもアメリカを発見しようという試みもありましたが、みな水泡に帰しました。なぜでしょうか。それはただ、神の与える特質、すなわち信念に欠けていたからです。ビジョン（未来の姿）を見、且つ成就するだけの勇気と信念のある者は、当時まだ目覚めていませんでした。地球は丸く、反対側に既知の陸地と同じような陸地があるに違いないという悟りに魂が目覚めたその瞬間、偉大なる歴史的時代が再び新しく展開し始めたことになります。

コロンブスの夢とビジョンは神によって魂に植えつけられた

コロンブスの魂にあの小さな一粒の信念を目覚めさせることは、すべてを見る偉大なる全能者の他に、果たして誰に成し得たでしょうか。ただ、本人はこの至高の力には気づいていませんでした。しかし、あの日スペイン女王の前に立ったときの彼の言葉は何だったでしょうか?

『敬愛申し上げる女王様、わたくしは地球が丸いことを確信しております。ゆえに船を出して、それを証明いたしたいと存じます』

みなさんが認めるかどうかは判りませんが、実はこの言葉は、神からの促《うなが》しだったのです。これによってコロンブスは、その雄図を遂行するだけの決断力のある者として女王から認められたのです。

それから、次々と事件が展開し始めました。もっともこれらの事件は、いっぺんに起こったわけではありませんが、小分けで、何年も前に、私たちには見せられていました。もちろん、私たちは普通の人々にはほとんど信じがたい驚くべきことが、短期間のうちに成就し、記録されるものと夢に描いていましたが、この間を通じて生き抜く特権を与えられた私たちの同僚は、今やそれ以上の驚嘆すべきことが、偉大なる貴国の将来にあることを、充分に認識しています。

みなさんの国は、自国の真の霊的意義に目覚めるべきときが来ていると私たちは感じており、また、その実現のために、できるだけの援助をしたいと願っています」

この方々が、私たちに関心を寄せているのは、アメリカにキリスト意識を認識してもらい、アメリカの可能性を実現させようという偉大なる願いからくるものと思われました。アメリカの国の始まりはまさにスピリチュアルであり、それゆえにアメリカは世界の霊的進化のリーダーとなるように運命づけられているのです。

エミール師は語り続けました。

「以上のことがたった一人の人間の意識に植え付けられ、成長した信念の小さな種子によって可能となったことを、よく考えていただきたいのです。さて次に、どんなことが起こったか、お判りでしょうか？　当時コロンブスは、現実離れの夢想家とみなされたものでした。昨日の夢は今日の現実に他ならないことを信じ、且つ知るところに私たちは辿り着きつつあるのです。ひとかどのことを成し遂げた人で、夢想家呼ばわりされなかった人がいるでしょうか？　事実、彼のビジョンはただの夢でしかなかったわけではありません。夢とは、実は偉大なる普遍心、すなわち神によって人の魂に植えつけられ、やがて現実として現れた神の理念と言っていいでしょう。彼は自分の意識の中で、遥か彼方に一つの陸地をありありと霊視し、海図にも存在しない海の上にそれを定着させたのではないでしょうか？

その土地がもたらす約束と卓越とをコロンブスが知っていたかどうか、あるいは、また、アメリカと名付けられるかどうかをコロンブスが知っていたか否かは、私には判りません。それは、おそらく、コロンブスの後代の人々のために残された課題でしょう。要するにそれは、夢とビジョンだったということです。

私たちはすでに、若干の驚くべきことが実現したのを目の当たりにしました。しかし、コロンブスの一つのビジョンの結果として、いかなる驚嘆がもたらされるかはただ想像の中にあるのみでした。

このようにして世界を住み心地良いものにする助けとなった多くのビジョンを、ここで改めて語ることもできます。神が万物を通じて顕現する方法は、このようなものではないでしょうか？

つまり、意識的にしても、無意識的にしても、神に対して壮大な信念を持った人がビジョンを実現する。心の中に到着点だけを確信し続けて当時の海図にもない海、困難、試練、失意に船を乗り出したあの魂を思ってください。

独立宣言の言葉は、一つ一つが神の促し

その後、次々と事件が起こりましたが、遂に、また必然的に、自分たちの流儀で神を礼拝する信仰の自由を求めて、僅か一握りの人々がメイフラワー号に乗船する、あの日を迎えたのです。

自分たちの流儀でというところに思いを致してください。神霊と、後になって起こる出来事に照らし合わせて考えて、初めて本当のことが判るものです。このメイフラワー号の人たちは、彼ら自身の考えていた以上の大いなる業を成し遂げたのです。これらの出来事

のうえに大いなる全能者の手が見えませんか？　しかし、やがて最初の開拓村が吹き飛ばされたかのように思われた暗黒時代が来ましたが、神がその御手を置いた人は、必ず勝利するに決まっています。その後、独立宣言に署名がなされ、神と抑圧者のいずれかを選ぶ重大な日が来ました。誰が勝利したか、常に勝利するのは誰であるか、あなた方が理解するしないにかかわらず、あの記念すべき建国時代の小さな一群の闘士たちと独立宣言書への彼らの署名は、イエスの地上への到来以来、もっとも偉大な出来事の一つなのです。

こうして自由の鐘は鳴りだしました。みなさんが信じるかどうかは判りませんが、あの鐘の第一声は、まるで鐘の真下に立ってでもいるかのように、私たちには、はっきりと聞こえたのです。あの鐘の小さな中心から発した波動は拡大されていき、遂にいつの日か、全地上でもっとも深く、もっとも暗い隅にまで浸透し、もっともあいまい無智な暗い心をも啓蒙するでしょう。

独立宣言が成されるまでの苦難や浮沈を考えてみてください。あの日、自由という実に偉大なる子が誕生したではありませんか。この出来事の後盾となるために敢えて地上に現れた偉大なる魂の持ち主たちを見てください。もしもこの人たちが失望、落胆でもしたら、一体どうなっていたことでしょう。

しかし、彼らは挫《くじ》けず、気落ちもしませんでした。そして、どうなったでしょう。地上最大の国家が誕生したのです。その後の艱難辛苦《かんなんしんく》は何を物語るでしょうか。それは、かの偉大な魂、ナザレのイエスの魂の発展と密接に関係していないでしょうか？

あの日、独立宣言書に署名した人々を、馬小屋で、神の嬰児《えいじ》が誕生したこと、すなわち人間におけるキリスト意識の誕生を象徴する星を見た、東方の賢人たちに譬《たと》えることができます。宣言書に署名した人たちは、東方の賢人たちのように、自由という大いなる星を見たのではないでしょうか？

独立宣言書に盛り込まれた言葉を思い起こせば、一つ一つが神の促しであったことに、疑問の余地はありません。考えてごらんなさい。どこの国の歴史にこれに比肩し得るものがありますか？　現在においても過去においても、この独立宣言書の手本になるようなものは、存在しなかったでしょう。

また、それが神の普遍意識源質から来たことに疑念があるでしょうか？　その後の神の真理の顕現過程において採択された『多即一』という合言葉が神由来のものであることに疑問はないでしょう。それはもはや人間心から機械的に出たものではありません。

『我ら神を信ず』というあの象徴的語句は、万物の創造主である神へのもっとも楽観的な信念、信頼を表すものなのでしょう。さらにまた、あの鷲（最高の憧憬を象徴する鳥）を国の象徴として選んだこと、それはこの人々が魂深く霊的であった、または人間の知恵を超える建設をしたことを示します。

すべてが神霊によって導かれたことを、一瞬でも疑うことができるでしょうか？　以上は、アメリカが全世界のガイドとなるべく運命づけられていることを物語るものと言えるでしょう。

一者が他者を通じて現れ、一者は他者によって成る

アメリカの歴史を考えてみてください。

それは、地球上の諸国民の歴史に類を見ないものです。その国の歴史の各段階が次々とその使命達成に向かって導かれているのです。聖旨を実現しようとして働く神の御心以外に、導きの主が考えられるでしょうか？　アメリカの運命を導いているのが偉大なる全能の神であることに疑いをさしはさむ余地はないでしょう。

芥子種は種子の中でも、一番小さい方ですが、種子の中には草の中でも一番大きい『生

えては樹となり鳥たちが来てその枝に棲む』芥子の樹となる力が備わっているという信念があるように、また一粒の種子でもその中に最大の成長を現す力のあることを教え込まれているように、私たちは最大なるものを現す力が内在していることを知らなければなりません。『汝ら一粒の芥子種のごとき信仰さえあるならば、この信仰は知識となる。かの山に向かいて〝動きて彼方にいたれ〟と言えば動くはずである。このように、汝らに成し遂げられないものはない』。イエスがこの譬えを引用したのは、信仰の量ではなくて、質の重要性を説くためです。

こうして、もっともか弱い芥子の種子からもっとも強い菩提樹にいたるまで、その他、球根、樹木の種子など、いずれも自分の最大のものを表現していることを知っています。それぞれが、自分の表現しなければならない精細な未来像を自分の中に持っていなければならないのです。そのうえ、それに頻繁に手入れをして完全な像《すがた》を維持しなければなりません。そうすれば、完全なる像となって具現化してきます。どのような花でも、この内部に完全になる力なくして咲いたためしはありません。一瞬前までは、蕾《つぼみ》が萼片《がくへん》という花の自我の中に閉じ込められていても、この内在の完全化作用が完全に働いたとき、花がパッと美しく咲くのです。

地中に落ちた種子が伸びて、増えるためには、まず自我の殻から出なければなりません。そのように、人間も実相を開顕するためには、自我を出なければなりません。生長するためには種子がその殻を打ち破る必要があるように、私たちも、成長するためには自我を打ち破る必要があるのです。この内なる完全化作用が完了したとき、私たちは花のように美しく咲くのです。

個人の場合も国家の場合も同じです。国家にキリスト（神の子）意識が充分に発達すれば、その国家国民の成す業は、必ずやすべての人々にとって善になるに違いありません。なぜならば、政治は国民の意識に根差し、国民の意識の核心となるものだからです。

ところが、その先で、重大な間違いを犯してしまいました。みなさんは自国の霊的意義を悟らず、圧倒的大多数の人々は、まだ物質的偏性の中で眠っているからです。偉大なる魂の持主たちが貴国の運命を導いたこと、しかし彼らは人々からほとんどその真価を認められることなく死んでいったことを、私はよく知っています。建国の道は、鋸《のこぎり》の歯のように凹凸《おうとつ》が多く、灌木《かんぼく》だらけで困難でした。それは人間がこれまで自己限定の考え方をし、卑俗な考え方で道を塞《ふさ》いできたからです。

なるほど、人間はこれまで数々の驚嘆すべきことを成し遂げてきました。しかし、もし一層充実した深い霊的意義を理解し、適用していれば、もっと素晴らしく驚くべきことを成就したに違いありません。ここに深く思いを致すべきです。これを換言するなら、もしキリスト（人間の実相）が、国家という船の舳先《へさき》に立っていたなら、またすべての人々がイエスのように真理を知ることができたなら、すなわちすべての人々の中にキリストが在り、すべてが一心となっていたなら、いかに驚くべきことが、今日まで啓示されていたでしょうか。

しかし、『多即一』の深い霊的意義を把握しさえすれば、今なお、この栄光が来る可能性はあります。一者が他者を通じて現れ、一者は他者によって成り、また、他者のために在るという、この真理が神の第一の偉大なる法則の一つなのです。

国家における霊的パワーも進歩か退歩しかない

これまでに築かれた国家を全部考えてみてください。

唯物主義がいつしか忍び込み、次第に全国家構造を蝕《むしば》み、遂にそれ自身の異常な重みで崩壊するか、あるいは建国の原動力となった法則を誤用して破滅でもしない限り、正確な霊的理解のうえに築かれた国家がもっとも長く存続しましたし、また、永久に存続するでしょう。

各国家が没落したら、後はどうなったでしょうか。神の原則は依然として保持されていることが判ります。すなわち、次々と失敗は起きますが、その失敗の中に、実は徐々に向上し前進していくのが読み取れます。こうして終局において、すべては『神＝多即一』に帰還しなければならないのです。兄弟たちよ、以上のことを語るのに、預言者は必要ありません。

コロンブスがアメリカ発見の航路に出発した当時と、その後暫くの間のスペインがどんな風であったか、このスペインが今ではどうなっているかを考えてみてください。遠からずスペインは自分の子（属領）と戦争をするでしょう。その時たとえよろめきながらでも立派に戦うことも旗色を挽回することもほとんどできない、どうにも仕様のない無力な国民に成り果てたことが露呈するでしょう。

ならば、その無力は一体何が原因でしょうか。

それは、国家としての活力の喪失ではないでしょうか？　国民にしても個人にしても、常にそのようなものなのです。貪欲、獣欲、その他肉体上の欲望はすべて充足されれば、結果は常に同じです。なるほど、繁栄や成功をしたように見えますが、結局は短命に終わります。あたかも老人のよろよろした不確かな足取りのようのもので、老衰し、憔悴《しょうすい》し、消耗した形態が、短命の事実を物語っています。

しかし、これに反し、もし国家の霊的パワーを保持し、発展させるならば、500年経っても、5000年経っても、1万年経っても、いえ、永久に、この国家は全盛期のように活気溢れ、活力に満ちるでしょう。新たな時代の夜明け、神霊の清浄な白光満ちる『水晶の御代』を、私たちは、どんなにか待ち望んでいることでしょう。その夜が今明けつつあります。夜の帳《とばり》が次第に破れ、間もなく昼は近づき、真昼の栄光が見られるでしょう。その時、もはや闇一つなく、制約するものは何一つないでしょう。それは、永遠の進歩が成されるべきことを暗示しています。もしも永遠の進歩がなければ、すべてのものはその本源である普遍なるものに還らなければなりません。

すべては進歩か退歩かのいずれかのみで、どっちつかずの中間はないし、停止もありません。もしみなさんの国がその実相、あるいは使命を認め、神霊と手を組んで神の御心をわが心として、言い換えるなら、神霊を自分の内奥から流露させるなら、もはや人間の言葉をもってしては形容できないほどの驚嘆が実現されるでしょう。

国家の発展期中、国民の団結を保つには鷲の強大な嘴《くちばし》と爪に似た力を必要としたことには、疑問をさしはさむ余地がありません。しかし、真の霊の光たるや、鳩は鷲よりも強力となり、鷲のいま警衛しているものを鳩が保護するようになるのが判るでしょう。みなさんが世界中の貿易先に送り込んでいる通貨の上にある文字を見てごらんなさい。『我ら神を信ず』『多即一』――これこそが、アメリカのような国家が存続していくうえで、鳩が鷲にとって代わるときの神霊のスローガンです」

エミール師の説法はここで終わり、

「200マイル（322㎞）先の村に集まっている人たちの中に会いたい人がいるので、暫くの間お別れします。4日後にみなさんが到着する60マイル（97㎞）先の村で、またご一緒しましょう」

そう挨拶すると、師の姿はかき消え、事実4日後に国境のある村で、四名の人を連れて、また合流しました。

第11章

宇宙力の原理／光、熱、すべての機械の原動力が供給される

どんな機械よりも強力な宇宙のパワーに誰でもアクセスし、利用することができる

その村に到着した日は大雨で、みなずぶ濡れになりました。

それでもとても居心地の良い家に案内されました。そこには調度品が気持ち良く整えられた大きな部屋があり、そこを私たちの居間兼食堂として使用して良いことになりました。

しかもこの部屋は、大変温もりもあって、なんとなく心も弾むので、一体どこから熱が来るのだろうという仲間の独り言に一同は辺りを見回しましたが、温かい熱のあることは感じても、ストーブ一つ、これという熱源一つ見当たりませんでした。

不思議なことだと思いましたが、別に詮索《せんさく》もしませんでした。というのは、その頃にはもう不思議なことには慣れっこになっていましたし、いずれ後で判ることだと確信していたからです。

私たちがテーブルについたかと思うと、エミール師と四名の男性が入って来ました。

一体どこから入って来たのか、さっぱり判りません。五人が五人とも部屋の片方の端に、

しかも出入り口のない方から同時に現れたのです。

物音一つ立てず、誇り顔もせず、いきなりそこに現れると、静かにテーブルに歩み寄って来て、エミール師が同行の四人を紹介しました。

それが済むと、まるで自分の家のように座って、くつろぎはじめました。ふと気づくと、テーブルの上には、いつの間にか、見るからに美味しそうな食べ物が並んでいました。しかし、肉は一片もありません。この人たちは、動物の肉や、顕在意識を保持していた生き物は、一切口にしないのです。

食事が済んで、私たちがテーブルを囲んで座っていると、仲間の一人が、この部屋の暖房のからくりを訊ねました。

「みなさんが感じているこの部屋の暖かさは、あるパワーからくるもので、この力に私たちは誰でもアクセスして使用できるのです。しかもこのパワーはどんな機械よりも強力です。人間はこれにアクセスして、光、熱、その他すべての機械の原動力としてこれを使用できるので、私たちはそれを宇宙力と呼んでいます。あなた方でしたら、きっと永久運動と名付けるでしょう。私たちはそれを、普遍力、あるいは神力とも呼んでいます。

父なる神がすべての神の子たちが役立てるために提供するものです。それはいかなる機械装置でも動かし、燃料の焼尽ということなどまったく知らずに運転し、しかもなお光と熱を供給します。そのうえ、お金もかからず、従って値段もなく、いたるところに遍《あまね》く存在し、いかなる人でもそれにアクセスし、それを利用することができるのです」

誰かが、そのパワーで食べ物を調理できるかと質問すると、これまでにパンその他の食糧が普遍なるものの中から忽然《こつぜん》と出てきたように、食べ物でもちゃんと料理されて出てくるし、先ほど私たちの食べた食事がそうだった、という答えでした。

エミール師の母は不可視の世界と現界を行き来できるレベルにいる

その後でエミール師は、私たちを師の一行と一緒に約200マイル（322㎞）先の師の家に招待してくれました。そこで師の母君にも会えるというのです。

「私の母は、肉体を完成し、その肉体をまといながら進歩し続けて遂に最高の教えを受けることのできた人です。そのため母はいつも不可視の世界に住んでいますが、最高のものを受けたいと願っているため、自らそうしているのです。それだけ私たちを多大に援助することができます。手っ取り早く言うと、母は今では、みなさんの言う天国、つまりイエスのいらっしゃるところにいます。

この天界は、時には第七天とも呼ばれています。そう言っても、みなさんには、神秘としか響かないでしょう。しかし、敢えて申し上げると、この天界について、神秘などというものはありません。天界と言っても、それは意識の中のある場所であって、すべての神秘が啓示されるところです。このような意識の状態に達した人々は、俗人からは見えないところにいますが、現界に戻って、感応力のある人と話したり、教えたりすることができます。

その人たちは、何かの乗り物に乗ってくるのではなく、自分自身の身体のままでやって来ます。それは、そういう方々は、身体を完成しているので、どこへでも欲するところへ肉体のままで行くことができるからです。別に生まれ変わらなくても、この世に帰って来られます。普通の人は、いったん死の関門を過ぎてから再び肉体を持ってこの地上に戻ってくるには、生まれ変わらなければなりません。

私たちの肉体は、一個の完全な霊体として与えられたものであって、私たちはそういう見方で肉体を見て、よく保持する必要があります。肉体を去って霊としてやって来た人たちも、今では、もう一度肉体の形をとって生き、肉体を完全にしなければならないと悟っています」

食事が終わってから食卓を離れる前に、私たちは隊を5グループに分け、室内に忽然と出現し食事を共にした5人の方々の指揮下に各グループを置く手筈《てはず》を整えました。

この取り決めで私たちは、これまでよりも広範にわたる研究ができるでしょうし、仕事の効率も上がるでしょう。同時にまた、姿を消したままでの移動やテレパシーといったものも証明することができるでしょう。

グループ作りは、少なくとも二名を1グループとし、例の五名の方々をそれぞれ一人ずつリーダーに割り当てることにしましたが、そのために相互にかなり離れ離れになってしまいました。

しかし、この方々は、私たちに極めて友好的で、その方々の御業を確かめる機会を私たちに与えてくれました。各グループ相互の不断の連絡は、この方々がとってくださることになりました。

第12章

雪男の存在／自分自身を神と人間から引き離し、動物以下に貶めた者

忽然と現れ、忽然と消え去る、物理次元を超えた遠距離連絡法《テレパシー》

翌日は詳細な点まで準備を整え、私を含めて三名のグループは、エミール師とジャストに従うことになりました。

その翌朝、各リーダーとグループ員たちは、それぞれの方向に出発する準備ができていました。各グループともすべての出来事をよく観察して記録し、60日後に、200マイル（322㎞）先の、前述のエミール師の家で落ち合うことになっていました。各グループ相互の連絡は、エミール師を通じて行うことになっていましたが、それは毎晩大師方同士で話し合うか、あるいは、グループからグループへ往来して対応してくださったのです。

私たちが隊長や他の隊員たちと交信したければ、ただエミール師に言付けさえすればよく、すると信じられないほど短時間のうちに返事が得られました。この言付けをするときは、全文を書いて各言付けごとに、分まで細かく刻んで時間を控えておき、返信が来たときもその通り詳しく記録することにしました。

後でみんなが再び一緒になったとき、その控えを照合してみたところ、全部が一致して

いました。また、グループリーダー役の人たちはよくキャンプからキャンプへと行き来して私たちと話し合いもしたので、彼らが忽然として出現し、また忽然として消え去るのも正確に記録し、その時と場所と話の内容も控え、後でそれを比較して、よく確認したのです。

この後、時にはお互いにあまりに離れすぎることもあって、たとえば一隊はペルシャ、一隊は中国、一隊はチベット、一隊はモンゴル、一隊はインドにいましたが、いつもこの方々が付き添ってくださったのです。時には数千マイルもの距離にわたって姿を消したまで往来し、お互いのキャンプでの出来事や進行状況を知らせ続けてくれました。

私が割り当てられたグループの目的地は、結局ヒマラヤ山脈の山麓でもかなり上の方の高原の南西にある一村落で、出発点から約80マイル（129㎞）の道のりです。わざわざ食糧を携行しませんでしたが、途中いつも充分なもてなしを受け、極めて快適な宿舎をあてがわれました。5日後の昼下がりに目的地に着き、村人代表の挨拶を受け、気持ちの良い家に案内されました。

嫌悪と恐怖の心が発達して人間から孤立していった雪男たち

村人たちは、エミール師とジャストを最高の尊敬をもって接待していました。エミール師はこの村を一度も訪ねたことはありませんが、ジャストは以前に訪問したことがあるそうです。

彼が初めてこの村に来たのは、ヒマラヤ山脈の中でももっとも人家が稀《まれ》な数か所に棲息している獰猛《どうもう》な雪男から、村人四人を救出して欲しいという依頼があったからです。今度の訪問も以前と同じ依頼があったからですが、同時に治療を受けたくても村から離れることができない病人を癒すためでもありました。

雪男は、ヒマラヤ山脈の雪と氷の地帯に棲んでいる「外れ者」「脱走者」のことで、およそ文明と名のつくものには一切接触しないで、山塞《さんさい》に棲息できる種族を形成するに至った者たちです。その数は多くはありませんが、極めて凶暴で闘争心が強く、時として運悪くその手中に陥った者を責めさいなむことがあります。

結局この野蛮な雪男たちに捕らえられた者が、それまでに四人もいるそうです。村人たちは、どうしたものか途方にくれた挙句《あげく》、使いを一人出してジャストに連絡し、ジャストがエミール師と私たちに同行して救出に来たという次第です。

これまでに噂は聞いたことはあっても、まさか実在しようとは思いもしなかった蛮人たちを直《じか》に見るかと思うと、みな興奮しました。きっと救助隊が組織されて、私たちもその仲間に加えてもらえると最初は期待していましたが、実際にそうなってみると救助隊といっても、エミール師とジャストだけで、しかも、これから直《ただ》ちに出発するという話で、私たちの希望は微塵《みじん》に砕《くだ》かれてしまいました。

数分もすると二人はたちまち姿を消し、2日目の晩にようやく囚《とら》われの四人の男性たちと一緒に帰ってきました。

この四人が、一行の冒険と彼らを捕らえた気味の悪い雪男たちの話をしてくれました。この奇妙な雪男たちは、全裸で暮らし、野生動物のように身体が毛で覆われているために、高山の厳しい寒さにも耐えていけるらしいのです。地上を実に素早く動き回ることもできるそうで、事実彼らのいる地域に棲息している野生動物を追いかけて捕らえることもできるそうです。

彼らは、大師たちを『太陽から来た人々』と呼び、大師たちが彼らの虜《とりこ》を連れ戻しにやって来てもなんら抵抗しないそうです。

一方大師たちは、雪男たちの中に入って行こうと数回試みたのですが、彼らに恐怖心があるために、すべて徒労に終わってきました。もし大師たちが彼らの間に入って行こうものなら、恐怖のあまり食事も睡眠もとらず、昼も夜も棲家の外にい続けるそうです。

彼らは、文明との接触をすべて絶ってしまったため、以前は他の種族とも接触していたことや、元来がその種族の末裔《まつえい》であることすらも忘れ果ててしまいました。それほど、今の彼らは他の種族から遠ざかってしまったのです。

この珍しい一族について、エミール師やジャストは、ほんの少ししか話さず、また、私たちも同行させてもらおうとしましたが、どうしても駄目でした。私たちの質問に対して得た唯一の答えが以下です。

「彼らも私たちと同じく神の子ですが、彼らは他の兄弟たちからあまりに長い間嫌悪され恐怖されてきたために、彼ら自身にもまた嫌悪と恐怖の心が発達して、兄弟たちから孤立してきました。そのために自分たちも人間家族の一員であることを忘れ、外見通りの野生動物と思い込んでしまったのです。

ところがそうして棲息を続けているうちに、遂には野生動物の本能さえも失ってしまったのです。というのは、野生動物でさえ、自分に対する人間の愛を本能で知り、その愛に応えるからです。

ただ、私たちに言えることは、人間は心で注目すればその通りのものを創り出すものであって、自分自身を神と人間の両方から引き離してしまい、そのために、動物以下のものに自分自身を貶《おとし》めてしまうものもあるということです。みなさんを彼らのところに連れて行っても、何にもならないのです。それどころか、かえって彼らを傷つけるだけです。いつかは彼らの中からも、私たちの智恵を感受する者が出て、その者を通して、彼ら全体に智恵が広まるように望んでいます」

私たちがもしこの珍しい人たちを進んで見たいというのであれば、それは私たちの勝手であって、この場合大師たちは私たちをどんな危害からも守ることができるし、仮に捕まったとしても、間違いなく私たちを救出できる、と大師は付け加えました。

その晩私たちは、現在宿泊中の村から約35マイル（56㎞）先の非常に旧い寺院に翌日出発予定の旨を知らされました。しかし、同僚二人は、寺院の見学をキャンセルし、雪男たちにもっと接近して観察することにして、村人二人を同行しようとしましたが、あっさりと却下されてしまいました。村人たちも雪男たちの出没する区域までの遠出は絶対にしないからです。

それでも、この同僚たちは、自分たちだけでやってみるというので、エミール師とジャストから雪男の足跡や大方の方角を教えてもらうと、銃を肩にかけて出発しようとしました。エミール師とジャストは、雪男たちを射殺するのは、最後の手段に限るという約束をさせました。威嚇《いかく》射撃ならいくらしても構わないけれど、射殺となると、最後の防衛手段に限られることになったのです。

私たちは、武器など携行して来なかったはずなのに、45ミリコルト拳銃があるのに、ビックリしました。私は自分の物はとっくに棄ててしまい、どこにあるのか皆目知りませんでした。ところが、私たちの世話をしてくれる作業員の一人が、以前に荷物の中にピストルを2丁残したまま取り除いていなかったため、それが今出てきたというわけです。

第13章

空間超越の法則／肉体の波動を火事の波動よりも高める

二つの天空の寺院を数分で行き来するエミール師

その日、エミール師とジャストと私の三人は、目的の寺院に向けて出発し、翌日の夕方5時半に到着しました。管理人が二人いて、その晩は気持ちよく寛ぐことができました。

寺院は高い山の頂にあって、粗い石で築かれています。2000年以上も経っているというのに、手入れがよく行き届いていました。この寺院は、釈尊であるマスターたちが最初に建立した建物の一つで、徹底的な無言の行の道場です。敷地としてこれ以上の最適地はないでしょう。周辺の山脈のうちでも一番高い頂にあって、海抜3300m、谷の底からでも1500m以上はあります。最後の7マイル（11㎞）の道は、私からすれば、まるでまっすぐに切り立っているようでした。上方に大石があり、それに数本の綱が結び付けられ、崖の中腹にぶらんと吊り下げられています。それが、昇り降りの道代わりです。

それを伝って登っていくと、少なくとも、600フィート（183m）は中空にあることになります。そうかと思うと、時には綱で上から支えられた梯子を登る必要があります。最後の登りは、約300フィート（91m）を梯子で垂直に登らなければなりませんでした。

ようやくてっぺんに辿り着いたときは、まるで世界の頂にいるかのような思いがしました。

翌朝、日の出前に起き、寺院の屋根に出ると、前晩の山登りのことなど、すっかり忘れてしまいました。寺院は断崖の端に建ち、眼下3000フィート（914m）までは何も見えず、あたかも建物全体が中空に吊るされているかのような錯覚に陥り、その錯覚を打ち消すのに、困難を覚えるほどでした。

遥か彼方には、三つの山が聳《そび》え立ち、その山嶺《さんれい》には同じような寺院が建っているということですが、遠すぎて、私の双眼鏡では見定めることができませんでした。

エミール師の話では、別部隊の一グループがその寺院に私たちとほぼ同時刻に到着しているはずで、隊長もそのグループにいるそうです。そのメンバーたちも、ちょうど今寺院の屋根の上に立っているから、私たちが希望すれば、先方と交信しても良いと言ってくれるので、私は、ノートを取り出し、今私が海抜3300mの寺院の屋根に立っていること、寺院がまるで中空に浮かんでいる感じがすること、時刻は私の時計で8月2日、土曜日の午後4時55分であることを書き記しました。

エミール師はそれを一読すると、一瞬、立ったまま沈黙しました。すると次のような返事が来ました。「時刻は当方の時計で5時1分、場所は海抜2500m、中空に在り。8

月2日土曜日。眺望絶景なり。もっとも驚くべき場所」

それから師は、「希望するなら、このノートを持って行って、戻ってくるとき返事をもらってきましょう。差支えなければ、先方の寺院の人たちと話をしてきたい」と言ったので、私が喜んでノートを渡すと、姿を消してしまいました。

やがて1時間55分後に師は隊長からのノートを携えて帰ってきました。そのノートには次の言葉が記されていました。「エミール師は、午後5時15分、当方に到着。これからの出来事を憶測しながら、とても楽しく時を過ごした」

燃え盛る火の海を平然と歩いて突破する

この寺院には3日間滞在しました。

その間、師は、他のグループも訪れ、私のノートを持って行っては、返事を持ち帰ってきました。4日目の朝、同僚の残っている村に帰る準備にとりかかりましたが、エミール師とジャストは、私たちが登って来た道と谷の道との分岐点から約30マイル（48㎞）先の谷にある村に行きたい様子なので、行くよう勧め、私も同行を願い出ました。

その晩は、羊飼いの番小屋に宿泊しました。この旅は徒歩だったので、翌日の明るいうちに目的地に着けるように、翌朝早く起きて出発しました。徒歩にしたのは、道が険しくて、馬が使えなかったからです。

当日は、朝10時に稲妻《いなずま》を伴うひどい嵐がやって来ました。大雨になるかと思われましたが、結局降らずに済みました。

今回通ってきた土地には鬱蒼《うっそう》と茂った森林が多く、地表は乾いた厚い草でビッシリと覆われていました。この辺の土地は他とは違って、雨のない土地柄のようでした。と思っていたところへ、5、6か所の草に突然落雷し、火が燃えつき、あっと思う間もなく、私たちはいつの間にか火に取り囲まれてしまいました。

そのうえ、火煙が濛々《もうもう》と下にこもり、私は完全に狼狽《ろうばい》し、恐怖に襲われました。エミール師とジャストはというと、冷静に落ち着き払っているので、ようやく私もいくらか安心しました。

「回避する方法は二つあります。一つは次の小川まで行き着くこと。そこには、水が流れています。約5マイル先の渓谷《けいこく》まで辿り着ければ、火が燃え果てるまで安全でいられます。もう一つは、もしあなたが私たちを完全に信頼できるなら、私たちと一緒にこの火を切り抜けることです」

この言葉で、恐怖はたちまち雲散霧消《うんさんむしょう》しました。この二人は、どんな緊急な事態においても、常に誠実な伴侶だったからです。私はいわば、彼らの保護に自分自身を完全に託して二人の間に進み出ました。

こうして三人一緒にどんどん前進しました。どうやらその方向が、一番火が盛んに燃えている場所らしいのです。ところが、どうでしょう。私たちの前にアーチが開かれたかのように、私たちは、煙や熱や足下に散らばる燃え殻《がら》に煩《わずら》わされることなく、火中を真直ぐに進んで行きました。火災区域は少なくとも6マイル（10㎞）はありましたが、まるで燃え盛る火など存在しないかのごとくに平然と歩いて突破し、一筋の小川を越えて、ようやくこの平原の火事から脱出したのです。

低次元の法則を高次元の法則に置き換えて、困難を超える

この火炎の中を通り抜けながら、エミール師は私にこう語りました。

「神のより高き法則が真に必要になったとき、低次元の法則を神の高次元の法則に置き換

えることが、どんなにたやすいことであるか、これでお判りになったでしょう。

私たちは今、**肉体の波動を火事の波動よりも高めているのです**。したがって、火事も私たちを害することはできません。もし俗眼で私たちを見たとしても、私たちが消え失せたとしか見えないでしょう。

しかし、実際には、私たち自身はいつもとちっとも変わっていないのです。私たちを見失ったのは、肉体の五官だけであって、もし肉体のある人間が今の私たちを見れば、きっと私たちが昇天でもしたと思い込むに違いありません。事実その通り昇天したのであって、肉体の五官では接触を断たれてしまう意識層に昇ったのです。しかし、これは私たちだけにしかできないというものではなく、皆にできることです。私たちは父なる神が私たちに使わせるために与えた法則を使っているのです。この法則を使って、自分の肉体をいかなる空間にでも持っていくことができます。これが、私たちが現れたり消えたりする、皆さんの言葉でいえば、空間を超越する際に使う法則です。

困難にあっても自分の意識をそれ以上に上げて、困難をただ超えるだけです。また、この方法で人間が肉体意識で自分に課したすべての制約を超越すること、すなわちその上に昇ることができます」

私たちの足は、歩くというよりは、あたかも地面から離れたところを歩行している感覚でした。川を越えてようやく火事から脱出したとき、まず感じたことは、深い眠りと夢から目覚めた心地でした。それと共に、この体験の本当の意識に次第に目覚め、やがてその意識が私の意識の夜明けのように明け初めていったのです。

ほどなくして私たちは河岸に木蔭《こかげ》を見つけて、昼食をとり、1時間休憩を取ってから目的の村を目指して進みました。

第14章

宗教が万物唯一の本源から離れて各宗派に分離してしまう理由

真理の啓示に人間の考えが混入して、各宗派の分離と不調和が始まった

目的地の村は、とても興味をそそられる場所でした。

そこには、保存状態の良い記録があって、これを翻訳すれば、洗礼者ヨハネがこの村に約5年間も住んでいた明確な証拠になると思われました。後で私たちは、この記録を見せてもらい、ヨハネがこの土地におよそ12年も住んでいた決定的な証明になると思われる箇所を翻訳してもらうことにしました。

また、ヨハネが約20年間この人々と一緒にチベット、中国、ペルシャ、インドの国々に滞在した証明になると思われる記録も見せてもらいました。事実、ヨハネが通ったのとほとんど同じ道を記録の上で辿ることもできそうに思われました。

これは、非常に興味のあることなので、私たちは、方々の村に行っては、徹底的な実地調査をし、そこで得た資料を比較検討して、ヨハネの遍歴の正確な地図を滞在中に編纂《へんさん》することができました。実地について調査してみると、時として鮮明に感じられることもあり、あたかも大昔にヨハネが辿った同じ土を踏み、同じ行程を辿っているかと錯覚するほ

どでした。

この村には3泊しましたが、その間、遥かなる過去からの出来事が、私の前に展開していったのです。これらの教えが朧《おぼろ》な過去を経て「万象の唯一の本源＝本質＝神」にまで辿り得るということが判りました。

これらは、いろいろな人によって分派され、自己流の考えをくっつけたものを、これこそ自分にだけ神が啓示したもの、自分にのみ与えられた神の直接の啓示であると思い込み、彼のみが唯一真実の神託を擁し、この神託を世界に与えるべき唯一の使者であると思い込んできたことが判明したのです。

このようにして、神に始まった真理の啓示に人間の考えが混入してきて、遂に各宗派とすべての不調和が生じたのです。しかし、これらの大師たちは、人間が真に永世、無罪、不死、永遠の存在であって、神の像そのままであることを悟り、正しい霊性の上に毅然《きぜん》として存在することが判りました。

さらに研究していけば、この偉大な方々が長年にわたってこの真理を純粋に保存し、伝えた姿も判るに違いないと思いました。それでいて、この方々は、全智全能を自称することなく、この方々の伝える真理を学ぶ者自らが証し、大師たちと同じ業を成さない限り、鵜呑《うの》みにすることを求めず、自らの成す業以外は権威を押し付けようともしません。

3日後、エミール師とジャストは私たちの同僚の残留している村へ帰る支度を終えていました。二人がその村に帰るのはただ病気治療のためだけでした。例の寺院にしても、その村にしても、二人が行こうと思えば、私よりも遥かに短時間の内に行ってしまえるのに、私と一緒に行くことになったのです。

村には例の同僚たちが待っていました。

彼らの雪男探索は徒労に終わったようです。5日間も探し回ったものの、結局嫌気がさして諦め、村に帰る途中、約1マイル（1・6㎞）先の峰の上に、人間の形らしいものに気づきましたが、しかし、双眼鏡を取り出す前にその人影は消えてしまい、ただチラッと見ただけだそうです。それだけでもその人影が猿に似て、毛で覆われている感じは判ったそうです。現場へ急行してみても、もう影も形もなく、残りの半日を周辺の探索に当てましたが、それらしいものは発見されず、結局捜索を打ち切って引きあげたとのことでした。

今度は、私が自分の体験報告をすると、彼らも寺院に行きたがりました。しかし、エミール師の話では、いずれ数日内にこれと同じ特徴の寺院にみんな揃《そろ》って行くことになっているというので、同僚たちも、出かけるのを見合わせることにしました。

雪男にいったん捕まって救出された四人の男性の報《しら》せと一緒に、エミール師とジャストの到着の報せはすでにグループの作業員たちが触れ回っていたので、近隣の土地から病気を治してもらうために、相当の人数の人たちが集まってきました。

マスターは人を助けることはできても、彼らの成すべきことを肩代わりすることはできない

私たちは翌日も1泊して、その集まりに出て、顕著な癒しが起こるのを目撃しました。その中に前年の冬にかかった酷い凍傷が癒された20歳の娘もいました。その娘の足に新しい肉が実際に生えだして正常になっていくのを目の当たりにしました。彼女は完全に楽々と歩くことができたのです。二人の盲人も視力を取り戻しました。そのうちの一人は、先天性の病だったそうです。その他、軽傷の病が癒された人も相当いました。

みな深い感銘を受けたようでした。

集まりが解散してから、エミール師に回心者がたくさん出たかどうか訊ねてみました。現実に救われる者がたくさん出ると、いったんは宗教的関心を呼び覚まされ、暫くの間は、

奉仕者となる人が多く出ますが、この道を真剣に歩んでいくには、非常に努力を要することが判ると、大部分がまたもとの生活にずるずると戻ってしまうという話でした。

住民のほとんど全員が、安穏とした暮らしをしていて、信仰を表明して本当に真面目にやっている者は、その1割くらいしかいないようです。その他の人たちは、何か困ったことがあると他者に頼り、助けを求めます。ここに、彼らの困窮の多くが起因しています。

大師たちは、本当に救いを求めてやって来る人々を助けることはできますが、彼らの成すべきことを肩代わりすることはできない、と言っています。人々の前途に豊かさが待っていると教えることはできますが、本当に豊かになるためには、各人がこの真理を受け容れ、実行する必要があるのです。

第15章

人間完成の道／真の悟りを開くと死を経験することはけっしてない

肉体をもったまま霊界に行き、いつでも戻ってこられる人々

翌朝、この村を出発しました。この「道」を歩む決心をしたらしい村人が二人同行しました。3日目の夕方、以前に洗礼者ヨハネについての記録を調べたことのある村から約20マイル（32㎞）離れた村にやって来ました。

私は同行の同僚たちにもこの記録を特に見て欲しかったので、そこに1泊することにして、同僚たちと一緒に行くことにしました。ジャストも同行してくれました。村に着くと、同僚たちは、記録にひと通り目を通し、いたく感銘を受け、ともに記録に略述されているヨハネの足跡を辿り、それを地図にする計画を立てたのです。

その夜は、第4グループと行動を共にしていた大師も参加し、一緒に過ごしました。

この大師は第1および第3グループからの音信を持ってきてくれました。この方は、この村で生まれ育った方で、その祖先の方々が件《くだん》の記録を作り、その後も今日に至るまで元気で、子孫の方々と共に暮らしているそうです。

この方は、記録を作った方から数えて5代目にあたり、同家の人間で死を体験した人は

一人もいないそうです。

みな肉体のまま霊界に移行し、また、いつでも現界に戻れるのです。

記録を作った方に、こちらまで出向いて話し合いをしていただくには大変手間がかかるかと聞くと、そんなことはない、という返事でしたので、その晩、会見の手筈《てはず》を整えました。

その後、数分間も座っていたかと思う間もなく、35歳くらいと思《おぼ》しき一人の男が突然室内に現れました。

紹介が済み、握手を交わしたものの、その姿には一同度肝を抜かれました。おそらく大変な老人に違いないと想像していたからです。

背丈は中の上という感じで、ゴツゴツした体つきではありますが、その顔はこれまでに見たこともないほどの親切さに溢《あふ》れ、動作の一つ一つに人格の息吹が感じられました。その全体から、私たちに知ることのできないある種の光が放射されているのです。

エミール師とジャストは、この二人の客人たちと部屋の真ん中で手を握り合い、数分の間は、ひと言も発せず、沈黙したまま立っていました。やがて、一同が着席しました。先ほど室内に姿を現した方が、語りだしました。

「今晩のこの会合は、みなさんに翻訳して読んで聞かせた古文献を、もっとよく理解したいという要望から、みなさんの方からリクエストされたものです。実はその記録を作り、今日まで維持してきたのは、この私です。

あの偉大なる魂の洗礼者ヨハネのことは、あなた方を非常にビックリさせせましたが、それはこの土地に私たちと一緒にいた頃の実際の出来事なのです。その記録でもお判りの通り、彼は該博《がいはく》な知識の持ち主で、驚くべき叡智のある人でした。ヨハネは私たちが信奉している教えが真理であることをよく知っていましたが、真の悟りにはまだ至っていなかったようです。真の悟りを開いていたら、死を経験することは決してなかったはずです。私は、ちょうどこの部屋にいて、ヨハネと私の父が話し合うのを聞いたことがあります。また、ヨハネが多くの教えを受けたのもここで、父が肉体と共に霊界に移行したのも、ヨハネがそれを目撃したのも、ここでした。

私の父方や母方の者で、いわゆる臨終の際に肉体をもって霊界に移行しなかった者は一人もいません。このような死は、肉体を霊的に完成し、『生命＝神』の深い霊的意義をよく把握するようになり、人生を、神が見るがごとく見るようになったことを意味します。そうなったとき、最高の教えを受ける特権を得、その高い層から、すべての人々を救うことができるようになります（この層から下へ下がることは決してありません。いったんこの層に達してしまえば、誰も下へ下がろうと思う者はいません）。こういう方々は、人生とは進歩、前進であり、退歩というものはなく、また、退歩を望む者もいないことを知っています。

もっと光を受けようとして光に向かって努力する人を、この方々は援助しようとして手を伸ばしていらっしゃいます。そのために私たちが『普遍なるもの』の中に絶えず送っているメッセージは、地球のあらゆる場所で、感応力のある神の子たちが解読しつつあります。

たった今述べた階層、すなわち意識の上層に昇って行くのも、それが主要目的です。私たちは何らかの方法ですべての人々を助けることができます。真理を受け入れようとする心構えができていて、自分自身の努力、あるいは他人の援助を受けて自分の意識を高める人たちと、私たちは語り合い且つ教えることができますし、また事実そうしています。

しかし、あなた方の仕事を他者が代わってすることはできませんし、また他者があなた方をいつまでも引っ張っていくこともできません。自分の仕事は自分でやると決め、その通り実行しなければなりません。そうしたとき初めてみなさんは自由となり、自立するのです。

すべての人々がみな、肉体は本来霊的なもので、破壊することのできないものであると、キリストと同じ悟りに入り、その悟りを常に持ち続けることができれば、私たちはすべての人々と意思の疎通ができ、私たちの受けた教えをより多くの人々に伝えることができるようになります。私たちが成し遂げたことはすべて、どんな人でも同様にやり遂げられるし、そうして初めて人生の問題がすべて解決されるのです。また、困難な神秘と思われたことも実は単純なものだったと判る時期がいずれやって来ます。私たちには、それが今でも判る特権が与えられているのです」

本物のインスピレーション／あなたの中に現れるキリストの神なる本質

「私には、みなさんが日常会っている人たちと少しも変わったところがないでしょう。みなさんにしても、特に変わったところは認められません」

しかし、師にはなにかしら、遥かに精妙なものがあると思う、と言うと、

「それは人間の可視的な部分を、不可視の部分と比較するからです。もしみなさんが神の

性質（実相）のみを見て現象との比較をしなければ、ちょうど私に対するのと同じような見方をすべての人たちにすることができるでしょう。言い換えれば、すべての人々の中にキリストを求めることにより、その人たちの中に在るキリストの神なる実相を引き出すことになるでしょう。

私たちは、決して比較などしません。常にすべての人々の中にキリストの神なる本質を観《み》るだけです。

その意味では、私たちはみなさんの肉眼の視野にはないわけです。私たちは、人の実相である完全さを観るのです。換言するなら、私たちには完全な眼力があります。ところが、みなさんは、他人の不完全な相をみている、すなわち不完全な眼力しか持っていないのです。あなた方が立派な方に接してその教えを受けるか、あるいは今のように私たちを見たり話したりできるところまで意識を高めない限りは、私たちの教えは、インスピレーションか何かみたいにしか思えないでしょう。

しかし、私たちが誰かと語るとき、あるいは語ろうとするときは、インスピレーションを伝えるのではありません。それは、本物のインスピレーションが受けられるようになるまで導いていく一種の教えなのです。神から直接来て、あなた方を通して現れたものが、神のインスピレーションであり、それを受けるようになったとき、あなた方は私たちの仲間になったのです。

花の種子の中には、花の理想的な像が、微細な点に至るまですでに備わっていて、時々刻々の営みによって展開し、殖《ふ》え、伸び出て、遂に完全な花となって咲き出ます。この内なる像が微細な点まで完全となったとき、咲き出て美しい花となります。このように、神もまたその子たちすべての理念像、神の表現媒介となる完全なる像を御心《みこころ》の中に保持していらっしゃいます。

私たちがもし理想的な生き方で神の表現媒体となるなら、花の場合以上に得るところは大です。すべてを神に委《ゆだ》ねずに、人間の我の手に移すときに、さまざまな問題や困難が生じるのです。これは何も、一人や数人のことを言っているのではなく、多数の人々に当てはまることです。私たちが少しもあなた方と異なる者でないことは、先ほども言った通りです。異なるのは、理解の仕方だけであって、ただそれだけです。

さまざまな異なる主義、教え、教条、あらゆる角度のあらゆる宗教は、本来みな善なのです。なぜなら、それらはいずれも終局においては、すべてのものの根底には、今日まで把握し損ねた実存という深い因子、触れ得なかったもの、本来己のもので正当に所有し得る、また正当に所有すべきものが存するという悟りに導くからです。

人間を駆り立てて遂にすべてを獲得するに至らしめるのは、実にこのものです。何かしら所有すべきもの、所有できるのに現実には所有していないものがあると知るだけで、人間はそれを目指して前進し、遂にそれを獲得するに至るのです。こうして、あらゆる場合において、一歩一歩前進していきます。まず想念が神の意識から人間の意識の中に直接押し出され、先へ先へと進んでさえいれば、きっと前途に何かがあることが判ります。ところが、ここで人間はたいてい過ちを犯して、この想念をもともと自分のものと誤認してしまうのです。こうして人は神から離れ、神の完全なる表現の媒体となる代わりに自我流を通し続けて本来完全となるべきものを不完全な現し方にしてしまいます。

すべての善き想念は神の直接的で、完全な表現です。このような善き想念が浮かぶときは、直ちにそれを自分自身の理想として、自我の手を離して、神の御手に委ねるようにすれば、この理想は完全なる像をとって具現化します。ここで人が知らなければならないことは、神は人間以上のものであり、人間の業はどんな場合でも神の理念を実現する助けにはならないことです。

こうすれば人間は短期間のうちに、完全なる実相を開顕《かいけん》する方法が判るようになります。

人間が学ばなければならない重要な一つのことは、霊力や精神力とは永久に縁を絶ち、直接神を表現することです。霊力というものはすべて人間自らが造りだしたものであり、ともすれば人を誤らせるものです」

翌日の朝食でみんなまた会うことにして、エミール師の話はここで終わりました。

第16章

自己の肉体を完成させた1000歳の超人

500年以上生き続けている大師たちと空の手から現れたお金

翌朝は早く起き、身支度をして朝食に出掛けました。宿舎を出ると同じ方向へ行く大師たちに会いましたが、みんな普通の人間のように当たり前に歩き、会話をしていました。私たちにも挨拶するので、大師たちが当たり前の人間と同じようにするのを見てビックリしたと言うと、

「私たちは、あなた方と同じ人間に過ぎないんですよ。どうしてみなさんは私たちを強いて変わった存在だと見なしたがるのですか。私たちは、決して変わっていないんです。ただ、私たちは、神から与えられたパワーをみなさんよりもさらに伸ばしただけなんですよ」

と答えました。

「それでは、あなた方と同じことが、私たちにできないのはどうしてでしょうか？」

「私たちと知り合う人たちが、私たちの後に倣《なら》い、同じ業《わざ》をしないのはなぜでしょうか？私たちは自分の生き方を人に押し付けることはできませんし、また押し付けようとも思い

ません。人間の生き方はみな自由だし、それぞれが行きたい道を行けばいいのです。私たちはただ易しくて簡単な道、私たちがこれまでやってみて満足のいく道を示そうとしているだけです」

食堂での話題は、いつの間にか、日常のことに移っていきました。

私には不思議でなりません。というのは、反対側のテーブルに今四人の人が座っています。

その中には、この地上に約1000年も生き続けている人が一人います。自己の身体を完成させ、何処へでも望むままに身体を現すことができますが、今なお35歳くらいの人間の身軽さと若さを保っています。

その隣には、前述した方の5代目の直系の子孫が座っています。地上に700年以上も生きていますが、肉体は満50歳より1日も老けて見えません。

この方々が常人と同じように私たちと会話をするのです。

また、500年以上も生きていてまだ50歳そこそこにしか見えないエミール師や、ほぼ50歳で年相応に見えるジャストもいます。

皆がまるで兄弟のように話し、偉ぶった様子一つなく、親切で素朴、しかもその発する一語一語が、筋が通り、論理的です。神秘的あるいは奇怪な様子は微塵《みじん》もなく、完全に、日常の会話をやりとりしている普通の人間にしか見えません。

食事がすんで立ち上がると、同僚の一人が勘定を払おうとしました。すると、エミール師が、「みなさんは、私たちのお客様ですから」と言って、ウェイトレスに空の手を差し出しました。ところが、その手をもう一度見ると、ちょうど勘定分だけのお金が現れているのです。

この方がお金を所持していないことはとっくに気づいていましたし、また自分たちに必要なものを他の人に頼ることはしませんでした。お金でも必要なときには、即座に普遍なるものの中から創り出すのです。

一瞬で姿を消し移動する人／わが内に棲む父こそが御業を成す

食堂を出ると、第4グループに同行していた方が、自分の分隊に帰らなければならないと言いながら握手すると、パッと姿を消してしまいました。この姿を消した時間を控えておきましたが、後で調べてみると、姿が消えてから10分以内には、自分の第4グループに姿を現していたそうです。

その日、私たちは、エミール師やジャスト、それから記録係の友人と呼んでいるもう一人の人と一緒に、村や村はずれを散策して一日を過ごしました。

道々この記録係は、ヨハネがこの村に12年滞在していた頃の多くの出来事を詳しく語ってくれました。その話を聞いてみると、当時の出来事が鮮明に私たちの心に蘇り、いつしか、過去に戻り、かつては神秘化を好む人々のこしらえた神秘上の一人物としか思えなかったこの偉大な魂と、共に歩み、共に語るような思いがしました。

その日以来、洗礼者ヨハネは、私にとって、現実の生ける人となりました。ちょうど、今私たちがしているように、村や村はずれの道を歩きながら、周囲の偉大な魂たちから教訓を受けつつあるヨハネ、しかしなお、その基本的真理を把握しあぐねているヨハネの姿を目の当たりにする心地がしました。

一日中歩き回り、一番興味深い歴史上の出来事の話に耳を傾け、数千年前の事件の現場で夜の帳《とばり》を前にしつつ、英語に翻訳されていく記録に聞き入ったため、すっかりくたびれて村に戻って来ました。

しかし、同行の3人の方々には、疲労の様子が微塵も見られません。私たちは、埃をかぶり、汗で汚れているのに、この方たちは平静で、その衣装も朝出掛けたままの白さで、埃一つついていません。

もっとも、散策の途中から、彼らの衣類に汚れがつかないことに気づき、何度も私たちがそのことに触れましたが、なんの答えも聞き出せないままになっていたのです。夜になってその話題になったので、記録係の友人がようやく答えてくれました。

「それは、あなた方には珍しいでしょうが、魂の創造物が望まれもしないのに、また、その場所でもないのに、同じ神の別の創造物にくっつく、ということの方が、むしろ私たちには珍しいのです。正しい考えができるようになると、そういうことは、起きなくなるものです。なぜなら、神の源質がそのいかなる部分にせよ場所を間違えたり、望まれない場所に置かれたりということはできないからです」

すると、驚いたことに、一瞬のうちに、私たちの衣服や肉体からすべての汚れが消え去り、大師たち同様の清浄さになったのです。

この変身（私たちにとってはまさしく変身でした）が、そこに立っている間に、3人が3人共に起きたのです。すべての疲れは吹き飛び、あたかも朝風呂に入ったような爽快さになったのです。

これが、私たちの質問に対する答えでした。

その夜はみな、この方々と一緒に宿泊するたびに体験する、もっとも深い平安な気持ちを味わいながら眠りについたと感じました。人類——この方たちの呼び方に従えば兄弟たち——のために、これほどまでに偉大な働きをしているこの純朴で親切な心の持ち主たちに私たちが寄せてきた畏敬の念は、急速度でもっとも深い愛に変わっていきました。

私たちは、この方々を兄として尊敬し始めました。彼らは少しも自らの手柄とすることなく、彼らを通じての神の現れであり、「我みずからは何事も成し能わず、わが内に住む父こそ御業を成す」と語るのでした。

第17章

虚空に浮かぶ白光の景観／真理開顕の日々

救いを求めて祈っても、すぐに人に依存して苦しみから逃れようとする人々

翌朝は、今日はどういう啓示が得られるだろうかと、胸を弾ませながら起きました。

私たちには、もう毎日毎日が、真理開顕《かいけん》の日に感じられ、自分たちの体験していることの深い意味が判りだした思いがしました。

私たちが、次には前にも述べたことのある寺院に似た山上の寺院に行く予定だと聞かされたのは、朝食どきでした。そこまでは、馬は途中の15マイル（24km）しか使えず、村人が二人ついて行ってくれますが、それから先はこの二人が馬を引いて先行し、目的の寺院の手前で馬の世話をして待つことになりました。

予定の地点で私たちは馬を二人に引き渡し、それから狭い道を登り始めましたが、道といっても所々岩に刻んだ段でした。その夜は、下馬地点と目的地の寺院との中間くらいの峠にある宿場に泊まることにしました。

宿場の主人は、でっぷりとした朗《ほが》らかな老人でした。歩き方も歩くというより転がると形容した方が的確で、目もどこにあるか判らないほどの太りようでした。エミール師に気

づくと、この老人は、すぐに自分の病気治療を願い出ましたが、もし救ってくれなければきっと死んでしまうとも言っていたそうです。

この宿は、この老人の先祖たちが代々経営してきたもので、もう数百年もの間、民衆の世話をしてきており、彼の代になってからでも70年ほどになるそうです。彼がこの宿を継いだ頃、いわゆる不治の遺伝病に罹《かか》っていたのを癒されたことがありました。その2年間は、人々のためによく働きましたが、それからは次第に関心が冷め、人に依存して苦しみから逃れようとし出したのです。

そういう状態が約20年間続き、その間に繁盛もしたし、健康も良好と思われたときもありましたが、実はその頃から急速に元の状態に落ち込み、他人のことに無関心な状態から抜け出そうとしなくなりました。

しかし、こういう実例は他にも数千あり、彼の場合はその中の一例にしか過ぎません。こういう人たちは、安易な暮らしを好み、少しでも努力を要するものは、すぐに重荷になってしまいます。そのうちにすっかり関心がなくなり、救いを求めて祈っても、それは深い意味や切願のこもったものではなく、機械的な音でしかありません。

空中を籠で移動し、岩山の頂上にある寺院へ

あくる朝は、早く起きて前進を続け、午後の4時には寺院の手前の村に到着しました。目的の寺院はほとんど頭上に迫って聳《そび》える岩山の頂上にポツンと建っています。山腹があまりに険しいために岩の中に木の梁《はり》を挿し込みそれに滑車をつけた綱で籠《かご》を吊るしたものが、唯一の昇り降りの手段となっています。綱の片方の端は巻上機に結び、片方の端は、滑車を通して籠に結びつけて、籠を揚げ降ろしします。

下の岸壁に宙吊りされたように突き出ている岩棚の堅い岩面をくりぬいて、小さな岩室が造ってあり、その中に巻上機が納められています。滑車のついたデリック（訳者注：クレーンの一種）が横に大きく動くと、綱と籠が岩盤から離れて、籠の中身を籠ごと下から上に揚げ、揚げ終わるとスーッと内側に動き、岩室の中にしつらえた岩板の上へ安全に着陸するという仕組みです。

前述の岩棚は下の岩壁から深く突き出ているので、籠が上下するたびに、15mから18mの空中で宙ぶらりんになります。合図を送るとまもなく籠が降ろされ、私たちは一人ずつ

乗り込んでは400フィート（122m）上の岩棚まで吊り上げられました。籠から岩棚に降り、頂上の寺院に行く道を探しましたが、岩棚はなおも500フィート（152m）も上に聳え立ち、その端が寺院の壁に続いているのが望見できました。そこには、また同じ方法で昇らなければなりません。見ているうちに、下の岩棚のデリックの腕と同じようなデリックの腕がさっと横に突き出て一本の綱が降ろされ、それに私たちの乗ってきた籠を改めて結び付けて、一人またひとり上に運び上げられ、さらに500フィート（151m）上の寺院の屋根に着きました。

私は、再び世界の頂にあるかのような錯覚に陥りました。

周囲の山々の上になお900フィート（274m）も抜きんでて聳えている岩山の山頂に、寺院は建っています。ヒマラヤ越えのために通過した峠の頂上には、私たちが後にしてきた村が見えます。この寺院は前に私がエミール師やジャストと一緒に訪れた寺院よりも約1000フィート（305m）低いことが後で判りましたが、眺望に至っては、後者よりも遥かに雄大で、この場所からはあたかも無限の空間を見るかのようです。

その後は寛いで休ませてもらいました。

3人の方々は、私たちの同僚数名を訪ねて行くから伝言があれば伝えてあげようと申し出たので、言付けをしたためることにしました。日付、場所、時間を念入りに記入し、それを渡すと握手を交わし、明朝会いましょうと言って、一人ずつ姿を消していきました。その時間や、私たちの書いたものは念入りに控えてあったので、言付けが私たちの手を離れてから20分以内に、目的地に着いたことが、後で確認できました。

世話役の人たちが勧めてくれた心のこもった夕食をいただき終わると、私たちは別室へ退いて夜を過ごすことになりましたが、そのまま寝たわけではありません。それは、これまでの体験が私たちに深い感銘を刻み始めたからです。

周囲には自分たち以外には人影一つなく、自分たちの声以外には、物音一つない静寂な2700mの空中に今私たちはいます。風の音一つさえしません。

「こういう寺院を瞑想の場として選んだのも当然だ。静寂がヒシヒシと身に迫る。まったく瞑想にはおあつらえ向きの場所だ」というのは、同僚の一人の感想です。その彼が、「周囲の景色を眺めてみよう」と言いながら、いったん外に出てみたものの、霧がひどくて視界が悪いと言って、戻ってきました。

透明な水晶のような白さの一条の大きな光

二人の同僚は、間もなく寝入ってしまいましたが、私はなかなか寝つかれませんでした。そこでまた起き上がると、服を着て、寺院の屋根に登り、壁に足をぶら下げて座ってみました。

霧の中を程よく月の光が染み透り、月が出なければ、完全なはずの闇を照らしています。その程よい光に、うねりながら大きく動いていく霧の波が浮かんで見えます。その手掛かりでもなければ、ただ一人虚空の中に吊るされ、遥か下のどこかに大地があることも、自分の座っている所で地面と繋がっているということも、忘れ去るところでした。

突然一条の大きな光の筋を見た気がしました。やがてそのいくつかの光条が末広がりに広がり、広い方の裾が私の方になおも広がり、私を通り抜けて、遂に私の座っているところが、その光の筋の中心になりました。

中心の光条が、一際強く輝いていています。

一つ一つの光線がずんずん伸びていき、それぞれが大地の一部を照らし、遂に光条全部が一本の大白光線に融合してしまいました。

遥か先の方を見渡すと、全部の光の筋がやはり一本にまとまり、強烈な白光点となって集中しています。透明な水晶のような白さです。

すると突然、私は虚空の中に浮かんでこの景観を眺めているような気がしました。

白光線の遥か下を見降ろせば、遥かなる過去の亡霊のごとき者たちが進んでいき、進み行くにつれて、その数が増し、途切れもせずに、やがてある地点まで来たかと思うと、今度は次第に広く離れていき、やがて光線一杯になり、地を覆ってしまいました。

最初は光の中心の白点から出たようでした。この点から初めは1個、そのすぐ先に2個、またすぐ先に4個という風に広がり、約100個も扇形にぎっしり頭を並べています。

かなり展開したところで、今度は急にまばらに散らばって光の道全体を占め、個々に行進を進めて全地上を占領し、それと共に光条の幅も一番広くなっています。今度はそこから次第に狭まり、やがて最初の一点に再び集中し、こうして一周期が完了し、一つずつこの一点の中に入って行きました。

横に100並んだ密なる隊列を組み、次第に寄り合って遂に一つとなり、その一つが光点に入っていくのでした。……と、ここで突然、私は目を覚ましたのです。目が覚めると同時に、こんなところで安心してうとうと夢など見ていられないと、中に入って床につきました。

第18章

ヨハネの学んだ1万年前に建立された寺院

あなたの中には空を飛ぶ超人的パワーさえ存在する

世話人には、夜が明けたら起こしてくれるようにと事前に頼んでおきました。

いつの間にか戸を叩く音がするので、一同は勢いよくベッドから飛び起きました。それほど、この高いところから夜明けの景色を見たかったのです。

素早く服を着ると、まるで熱心な子供のように、もう屋根に飛び出していました。あまりバタバタ音を立て過ぎたので、私たちの気が変になったと思ったらしく、世話人たちがビックリして駆けつけたほどでした。この平和な静寂を破ったのは、この古い寺院の建立以来、私たちが初めてでしょう。その建立というのが、なんでも1万年前という話でした。今では古色蒼然として寺院自体がその下の岩と一つになった感じです。

屋根ではもう「お静かに願います」等とことさらに注意するまでもありませんでした。夜の帳《とばり》が明けゆく光景を見るなり、みなはもう目も口もポカンと開いたままです。

もっとも、かくいう私も、同僚たちから見れば同じ顔つきになっていたでしょう。私が同僚たちの口からどんな言葉が飛び出すかと待っていると、「おお、僕らは空中に浮かんでいるんじゃないのか」と、一気に感嘆の言葉が迸《ほとばし》り出ました。これは私が既述の寺院で感じたのと、そっくり同じでした。しばらくの間は、足下に岩があるなど、忘れ果ててしまっていました。確かに、空中に浮かんでいる感じです。

「こんな気持ちを味わってみれば、あの人たちが飛べるというのも不思議じゃないね」と誰かが言いました。

そこへいきなり笑い声がしたので、私たちは今までの感慨から一気に呼び戻されてしまいました。

誰かと振り返ってみると私のすぐ傍に、エミール師とジャストと記録担当の友人が立っていました。一緒にいた同僚の一人が急いで駆け寄り、感激のあまり、みなの手をいっぺんに握ろうとしながら、「いやあ、まったく素晴らしい。あなた方が、ここで暮らして空を飛べるようになったというのも無理はないですね」と言うと、彼らはニッコリ笑って、「あなたでも私たちと同じように自由に飛べるんですよ。ただあなた方は、それだけのパワーが自分の中にあることと、そのパワーの使い方をこれから知る必要があるというだけです」と答えました。

私たちはまた前に向き直り、景色を眺めました。

霧は先ほどよりも下に下がっていますが、それでもかなりの高さで、大きな波を描きながら漂い、広がっているので、地面はまったく見えません。見渡す限り移りゆく雲のような霧の塊に取り囲まれ、私たちまでが、霧と共に音なき翼に乗って動いていく心地でした。それまで、ウットリと忘我の境地で遊んでいた私は、突然しゃべりだした同僚の声に、はっと我に返り、足を屋根にひどくぶつけてしまい、その打撲は5、6日後までズキズキ痛みました。

その日の朝食時、ここでの宿泊を3日と決めたのは、予定の落合場所に行くまでに私たちが行ってみたいと興味をそそられる場所は、1か所しか無かったからです。エミール師が持ってきてくれたメッセージを読むと、隊長一行も僅か3日前にこの寺院を訪れていたようです。

朝食を済ませて外に出ると、霧は次第に晴れてきています。霧がすっかり晴れあがり、太陽が上がるまで、私たちは眺め入っていました。崖の下の小さな村が、今は引き寄せられたように近くに見え、遥か下の谷も見えてきました。

洗礼者ヨハネが住み、教えを受けた寺院

大師たちは、下の村を訪れることに決まりました。私たちも同行して良いかを聞くと、いっせいに笑って、同行することは構わないが、大師たちのような行き方（超自然的なテレポーテーション）をするよりは、籠を使う方が体裁が良いからそうしなさい、と言いました。

私たちは、また一人ずつ岩棚に降り、そこから村のちょうど上にあたる小さな高原に下って行きました。最後の一人が籠から降りたときには、もう大師たちは姿を現して来ていました。

さらにそこから村へ降りて行き、そこで一日の大部分を過ごしました。この村は、山岳地帯によくある崖の両側に横穴を掘って出入り口を岩板で塞《ふさ》いだ家々のある風変わりな古い土地でした。こういう家が全部で２０００軒あり、冬中の重い雪で押しつぶされないためにみなこういう住み方をしているのだそうです。

間もなく村の人々が集まって来たので、エミール師は暫く彼らと話をしていました。翌

日の午後に集会を催すことになり、近隣の出席希望者たちに触れ回る使いが出されました。

この村は、洗礼者ヨハネが住み、寺院で教えを受けたそうで、その寺院は今でも当時のまま残っているそうです。ヨハネの家があったという場所にも連れられて行きましたが、家そのものはもう崩壊して無くなっていました。

その日の午後、寺院に戻りました。空は晴れあがり、広々と広がった土地の様子が見渡せました。また、ヨハネが寺院への行き帰りに歩いた道や、彼が宿泊した村々も見渡せました。寺院も村もヨハネがこの土地に来たときよりおそらく6000年ほども前にできたということでした。私たちがこの村を去るときに通る予定の道も案内されましたが、寺院が建った当時のままだそうです。

午後5時頃、記録担当の友人は、「暫くお暇《いとま》します。近いうちにまた、お目にかかります」と言って、私たちと握手すると、パッと姿を消しました。その夕方は今までの中でも、もっとも素晴らしい日没の景色を崖の屋上から眺めることができました。思えば、ほとんどあらゆる土地で日没の景観を見ることができたのは幸運でした。

宵《よい》が迫ってくると、眼下の広漠《こうばく》たる高原を区切る低い山脈の上に霧が立ち込めてきました。太陽が山々に達すると、そこはもう一面黄金の海でした。峰々は日没の残光に燃え、遥か彼方の雪に覆われた山々の頂は、火の絨毯《じゅうたん》をかぶり、渓谷を埋める氷河は巨大な炎の舌に変貌し、これら紅蓮《ぐれん》の炎が天に映る彩光と溶け合うようでした。

下の平野に点在する湖も突然火山に変容して火を噴き、その火は天に昇って、暗い彩光と融合しました。一瞬、私たちは沈黙の火炎地獄の縁にいました。やがて、すべてが渾然《こんぜん》と溶け合って色彩のハーモニーを奏で、その平安、静謐《せいひつ》さは、筆舌に尽くし難いものでした。

エミール師の妹とその子供／息子は150歳、娘は120歳だが、二人は20〜30代にしか見えない

その夜はエミール師とジャストにいろいろ質問をしながら、12時過ぎまで屋根の上にいました。これらの質問というのは、主にこの国の人民や歴史の概要についてでした。

エミール師は、彼らの記録から縦横に引用しました。それによると、この国には西洋史の始まる数千年前に人間が住んでいたことが判りました。エミール師は語り続けます。

「私は、あなた方の歴史や、それを書いた人たちの名誉を傷つけるつもりも軽視するつも

りも、毛頭ありませんが、歴史家たちが過去を充分に遡ろうとせず、エジプトを名前の通りの国、つまり外側において暗黒あるいは不毛の国と決めてしまったのです。

なるほど、エジプトとは思想の不毛を意味しました。当時も現在のように、世界の大部分は思想の不毛にありましたが、歴史家たちは、その背後を極めて、より深遠な意味を摑《つか》もうとはしませんでした。彼らはただ見るがまま聞くがまま、うわべのままを受け取り、書き留めたのであって、あなた方の歴史と私たちの歴史とを相関させることはまったく困難です。といって、私たちの歴史を、あなた方に押し付けようとするのではなく、ただみなさん自身の力で、取捨選択するようお勧めするだけです」

まもなく月が遥か彼方の山上に現れてきました。次第に昇ってきて、ほとんど私たちの真上に来るまで私たちは見とれていました。時々雲が軽く過ぎていくのも美しい眺めです。漂い過ぎた後は、雲も月も静止し、逆に私たちの方が漂って月と雲の前を過ぎていくような錯覚にとらわれました。

こうして1時間も経過すると、突然背後の屋根に何か物でも投げつけたような音がしました。ビックリして思わず立ち上がり、辺りを見回すと、そこに一人の中年女性が微笑みを湛《たた》えて立っていて、「びっくりしたでしょう?」と言うのです。

この女性はきっと手摺《てすり》から屋根に飛び降りたに違いないというのが、私たちの第一印象でしたが、実は彼女はただ私たちの注意を引くために足を踏み鳴らしただけでした。辺りの静寂があまりにも深く、そのためにちょっとした物音も非常に大きく感じられたのです。エミール師はこの女性を見るとすぐに傍に寄って挨拶し、私たちに妹だと紹介しました。彼女はニッコリ微笑んで、「みなさんの夢のお邪魔にはならなかったでしょうか」と訊ねました。

そこで私たちは座り直し、話は間もなく彼女の思い出話に移りました。

彼女には三人の息子と一人の娘がいて、みなこの聖なる奉仕をしながら育て上げたのです。下の二人はいつも彼女と一緒にいるそうです。会わせてもらえるかと聞くと、今晩ここへ来ますと答えるや否や、すぐに男女二人の姿が現れました。

二人は伯父にあたるエミール師と母に挨拶を済ませ、前に進み出て私たち三人への紹介を受けました。息子さんの方は背の高い男性的な人で、年の頃は30歳くらいと思われました。娘さんの方は、背はそれほど高くありませんが、すらっとして顔も形も美しい落ち着きのある女性で、年齢は20歳くらいに見えました。後で判ったことですが、実は息子さんが150歳、娘さんが120歳でした。

二人とも明日の集会に出席することになっていました。間もなく、二人は階下に降りて行きました。二人が降りた後、私たちがこの二人に感嘆していると、その母君が私たちにこう話しだしました。

「子供たちは本来みな良くて完全なのですよ。悪い子供というものは存在しないんです。完全な汚れのない状態で受胎したか、あるいは感覚的、物質的な方法で宿したかは、問題ではありません。完全な方法で受胎した子供たちは、間もなく父なる神の子であることを知り、自分がキリストすなわち神の子であることを悟って、実相の開顕も早く、そのためすべてに完全だけを見るようになるでしょう。

感覚的な方法で受胎した子供は直ちに自分が神の子であることを悟り、自分の内なるキリストに目覚め、このキリストを理想として自分の本来の完全さを実現させることはあります。彼はこの理念に注目し、愛し、いとおしみ続け、遂に彼の注目するもの、すなわち内在のキリストを実現させるのです。その時彼は生まれ変わったのであり、完全となったのです。彼は自分の内から完全――常に自分の内に在る完全――を出したのです。

完全な方法で受胎して生まれた子は、理念を把握し続けて完全となり、感覚的な方法で受胎して生まれた子は理念を見、その理念を開顕して本来の完全さを回復するのです。したがって世に悪《あ》しき子供というものはなく、すべての子たちは完全であり、神から来たのです」

ここまで語られると、「もう12時を過ぎたから寝よう」と、誰かが言いました。

第19章

寺院の保持する記録は聖書ヨハネ伝、ルカ伝に酷似していた

木の葉の文字に残る聖書の記録

翌朝の5時には、私たちはもう寺院の屋根の上に集まっていました。

いつも通り朝の挨拶が済むと、みんなで輪になり、これもまたいつもの通り、経典の抜粋を読みました。その朝読んだものは、寺院の記録の抜粋で、ジャストが翻訳してくれましたが、聖書のヨハネ伝第1章に極めて一致しているのには驚きました。

2番目に読んだものは、ルカ伝第1章に一致していました。読誦《どくじゅ》が済むと、私たちは聖書を持ってきて、ジャストの承認と指導の下に両者を比較してみたところ、実によく類似しているのに、まったく驚きました。

ようやく比較対照が終わった頃、朝食の合図がひびき、みな階下に降りて行きました。

その後、村に到着してみると、近隣から相当人が集まって来ています。ジャストの話では、この人たちはほとんどみな、夏中は高い山々で羊を飼っているのですが、今は低い土地へ移住しなければならない時期に急速に近づいているそうです。午後の集会は、いつもこういう人々が移動する前に催されるのだそうです。

私たちが村を通り抜けると、エミール師の甥《おい》に出会いました。昼食前に少し散歩しようと誘われ、ちょうど近隣の様子を少し見たいと思っていた矢先だったので、すぐに誘いに応じました。

一緒に歩いているうちに、特に興味のある場所だからと言って、谷間の5、6か所の村を指してくれました。その土地の名前を訳してみると、旧い聖書の名前に非常によく似ていますが、その本当の意味は、後で宿舎に帰り、昼食をとり、集まっていた人々の中に座って初めて判ったことでした。

この集会に約200人くらいが集まったとき、寺院から来た人たちの中に、残りの人たちが姿を現しました。やがてエミール師の甥が立ち上がり、一冊の大きな書物らしいものを持っている二人の男性に近づいていきました。

この書物らしきものは、それが開かれてから判ったのですが、実は書物の形をした箱だったのです。その男性は中から字の書かれた木の葉の包みを抜き出し、箱を地面の上に置き、包みは別の男性に渡しました。

包みを開けると、1枚目をエミール師の甥に渡しました。彼はそれを一枚一枚読み終えると、今度はそれを別の男性に渡して箱に納めさせました。

読誦はジャストの通訳の下に次々と進んでいきました。それほど読み進まないうちに、私たちはそれがヨハネ伝に著しく似ており、むしろヨハネ伝よりも詳しいことに気づきました。

次のものはルカ伝、その次のものはマルコ伝、そして最後のものはマタイ伝に似ていました。

読誦が済むと、人々はいくつかの小さなグループに分かれました。この行事の意味を知ろうと思って、私たちはジャストと一緒にエミール師を探し回りました。

聞くところによると、毎年集会では、これらの記録が読み上げられ、実はこの場所こそ、かつて、先ほどの読誦に出てきた情景が実際に演じられた場所だそうです。先ほど読み上げられたことが、聖書の物語によく類似していると私たちが言うと、実は聖書の初期の物語の中には、間違いなくこの記録からとったものがあり、磔《はりつけ》のような後の出来事は、別の土地で起こったものだということでした。いずれにしても、キリストの誕生と生涯がクライマックスになっています。

全体の根本思想は、人間の中にキリスト（神我・実相）を探求することと、実相から彷徨《さまよ》い離れた人々にキリストが他ならぬ自分自身の中に在ることを指示することにありま

す。

エミール師はさらに語り続けました。

「キリストの事跡がどこであったかは問題ではなく、私たちが永久に残したいのは、その根底を流れる霊的覚醒なのです」

その日の午後の残りと翌日は両書の比較対照とノートの作成に費やしました。

これらのノートと比較対照の結果をここに書き加える紙幅はありませんが、これまでに述べたことを読めば、その霊的意義は理解してもらえるでしょう。

私たちに記録を読んでくれたエミール師の甥の父はこの村の出身で、ヨハネの直系の子孫です。その家族の人たちの中には、この時期にはこの場所に来て、これらの記録を読む慣《なら》わしになっている人もいるそうです。私たちの上にある寺院が、ザカリヤとヨハネが神を礼拝した場所だそうです。

大師たちは先に進んで行きたいということで、翌日には記録の調査も完了したので、あくる日の朝早く私たちは村を後にしました。

時間はまだ早いというのに、村の人々がほとんど総出で、私たちに「道中の安全を祈る」という意味の別れの挨拶をしてくれました。

第20章

エミール師の聖なる家族／時空を超越する人々

天然の障壁に囲まれたエミール師の故郷の村

次の5日間は、かつてヨハネが旅した土地を私たちも辿り、やがて5日目に私たちの馬を置いてある村に帰着しました。

ここでエミール師が私たちを迎えてくれました。そこから先、エミール師の家族のいる村に着くまでの旅行は比較的楽でした。

村に近づくにつれて人口はかなり増え、道にしてもこれまでに私たちが通って来たものより、遥かに良くなっていました。

道はなおも、肥沃な土壌の谷に沿って続いています。やがて、思いがけずいったん平坦な大地に出ました。さらに谷を進むにつれ、両側が次第に狭まり、遂に河の両岸にひどく迫って来て渓谷となっています。

かれこれ村へ着こうという午後4時頃、私たちは突然切り立った崖から約300フィート（91m）も河水が垂直に落下している滝にさしかかりました。

道は滝に近い崖の下の平地まで続いています。よく見ると、砂岩の岩壁には穴が掘りぬかれてあり、その中を45度の角度で上の高台に登る道がついていて、段が刻みつけてあるので、楽に登れるようになっています。

崖のふもとの入り口には、大きな岩の戸があって、出入り口が閉じられる仕組みになっているので、万一敵が侵入してきても強力な防壁となります。

やがて上の台地に登りつくと、この勾配《こうばい》のきざはしが、実は小川への唯一の出入り口になっていることが判りました。かつては、この村への道は三つあったそうですが、村に絶対に近づけないように、周辺の壁を造り直したそうです。

なるほどたくさんある家は、壁の一方が必ず村の周壁になるように造られています。家自体が壁の一部になっているところでは、通常3階建になっていて、3階だけにしか窓は造られていません。どの窓にもバルコニーがあって、二、三人はゆったり立てるだけの余裕がとってあります。それは、四六時中見張りができるようにとの配慮なのでしょう。

この地方にはかつて、ある種族が住んでいて他の人々との交流を絶っていたのですが、そのうち他の種族と同化する者も出て、独立の種族の形態を失ったそうです。

これが、エミール師の故郷であると同時に、多くの土地を調査するためにいくつかのグループに分かれて行った隊員たちとの合流地点でもあります。

村の人に聞いてみたら、各グループ中、私たちのグループが一着だったそうで、他のグループは明日にも到着するだろうとのことでした。

私たちは、村の壁に造りこまれた家々の中の一軒に案内されました。3階の窓は南に面し、険しい山脈を見晴らしています。

ここで、ゆっくりと寛いだ気分になりました。食事は1階ですることになっていました。1階に降りていくと、エミール師、数日前寺院で会った妹さんとその夫、息子さんがテーブルについていました。

やがて夕食が済んだかと思うと、家の前の小さな広場がざわめき立っていました。そのうち、村人が一人入って来て、隊長一行の到着を知らせてくれました。一行にいったんゆっくり休んでもらうと、間もなく一同は屋根に登りました。

太陽はすでに沈んでいますが、余光はなお消えず漂っていました。見渡すと、いくつかの高山から数条の川が滝となって渓谷に落下し、その合流点は大きな盆地と見紛う景観を呈しています。

これらの流れはやがて大きな川に流れ入り、岩壁の上を走って下の谷に滝となって落下します。この大河は深い峡谷から出ていて、平坦な高原を数百メートルも走ったかと思うと、断崖から急転直下するのでした。

それよりも小さい幾筋かの川は、先ほどの大河が切り込んだ渓谷の切り立った壁を流れて垂直な滝となり、所によっては、奔流となっています。その中には、30〜60mにもわたって水しぶきを上げながら落下するものがあるかと思えば、渓谷を浸食して一連の瀑布《ばくふ》となっているものもあります。

遥か上の山々の谷は氷河で覆われ、山自体が巨大な雪の帽子のように、氷河はあたかも巨大な指のように突き出しています。

村を守護している壁はそれよりも大きな山峡の壁につながり、そこから高原に突き出て、下の谷に落ちる瀑布のある崖まで伸びています。この壁が山峡の壁に合するところでは600mも垂直に切り立ち、見渡すかぎり、天然の障壁となっています。

誰かの話では、この高原は、東西に60マイル（97㎞）、所によっては、南北に30マイル（48㎞）も伸びていて、峠を越してきた一本の山道の一番広くなったところ以外には、出入り口はないそうです。

その峠もまた、私たちの今いるところの壁と同じ壁で守られているそうです。外敵からの防衛としては、実に地の利を得ていると話し合っているうちに、エミール師と、その妹さんの夫と息子さんが上がってきました。

この人たちには、なにかウキウキした様子が漂っていました。それもそのはず、今晩彼らの母君が来るからであったということが、間もなく妹さんの話で判明しました。

「とても嬉しくてたまりません。わたくしたちは、じっとしていられないくらい、母を愛しているのです。母だけでなく、魂が高次に進化したみなさんを、非常に愛しています。そういう方々は、みなさんご立派で、高尚で、いろいろなことを教えてくださるからです。わたくしたちの母はとても優しく、素晴らしく世話好きで、また愛深く、他の方々の1000倍も愛さずにはいられないのです。しかもわたくしたちは、母と血肉を分けているんですもの。あなた方もきっとわたくしたちのように母を愛するに決まっています」

「お母様は、度々こちらにおいでになりますか」

「ええ。わたくしたちが母を必要とするときには、いつでも来てくれます。ただ、母は仕事で多忙なので、自分からやって来るのは、年に2回だけです。今回がその1回目に当たるわけです。今回母は1週間滞在することになっています。わたくしたちはただもう嬉しくて嬉しくて、どうしていいか判らないほどです」

エミール師の母／600年を肉体のまま地上で生き、700歳を超える人

ここで話は、隊員たちがお互いに離れていた間に経験した事柄に移っていきました。話に熱中していると、突然みなの上に静寂が降りてきて、思わず私も黙ってしまいました。みな、座ったままひと言も話しません。夕闇が迫り、遥かな山脈の雪帽は、今まで動かさなかったその氷の指を谷の上に伸ばそうとしている巨大な怪物に見えました。するとこの静寂から、鳥が地上に降り立つときのような、シューッという優しい音がして、東の手摺《てすり》のところに薄い霧が集まってくるように思われました。霧は突然形を取り、やがてそこには、怪しいまでに美しい女性が、目も眩《くら》むほどの強烈な光を辺りに放って立っています。

彼女の家族たちはさっと立ち上がると、「お母さん」と、ほとんど同時に叫び、腕を伸ばして、急いで彼女のそばに走り寄りました。彼女は、手摺から屋根の上に軽々と降り立ち、世間の優しいお母さんがするように、一人ひとり抱きしめてから、私たちに紹介されました。

彼女は言いました。

「みなさんは、遠いアメリカから、わたくしたちを訪ねてこられた愛する兄弟たちです。ようこそ、わたくしたちの国にいらっしゃいました。本当に嬉しく思っています。わたくしたちの心はすべての人々にまでおよび、その人たちさえ許してくれるなら、私どもの腕を伸ばして、たった今、わたくしの子供たちを抱擁したように、すべての人々を抱擁したいのです。どうして世間の人たちは、みな兄弟として付き合えないのでしょうか」

先ほど、私は毎晩だんだんと冷えてきていると言いましたが、この女性が現れたときは、彼女から温かさが放射して、その夜はまるで真夏の夜みたいになりました。

空気は花の香りを含み、すべてのものに満月にも似た光が浸み透っているようで、なんとも言いようのない温かさと光が溢《あふ》れています。しかもそこには何の衒《てら》いもなく、ただ純粋で優しい子供のような、無心の振る舞いがあるだけでした。

誰かが階下へ降りましょうと言うので、エミール師の母君が他の女性たちと一緒に立って階段へ行き、私たちの一隊がそれに続いて、最後にこの家の家族の人たちがついてきました。

ところが、ハッと気づいたことは、私たちは、いつものように歩いているにもかかわらず、屋根や階段が私たちの歩みに少しも音を立てないのです。

私たちがことさら努めて静かに歩いていたわけではありません。事実、隊員の一人が、故意に音を立ててみようとしましたが、無駄でした。

私たちの足は、まるで屋根や階段に触れていないようでした。私たちは美しい調度品の揃った部屋に入って行きました。入って席に着くとすぐに部屋の中が温かく輝いているのに気づきました。部屋には説明しようのない柔らかい光が漲《みなぎ》っています。

一同は、暫くの間、深い沈黙を守っていました。

エミール師の母は、私たちに、宿の居心地や世話の行き届き方、旅行は楽しかったかなどを訊ねました。話は、日常のありきたりの事柄に移っていきましたが、彼女はそういうことも全部よく知っていました。

それから、話が私たちの故国での暮らしのことに移ると、母君は私たちの父母や兄弟姉妹たちの名前を言ってみせ、私たちにひと言の質問もしないのに、私たち一人ひとりの生活を詳しく話すので、ビックリしてしまいました。

また、私たちが訪れた国々、私たちのしてきた仕事、失敗したことを話すのでした。しかもそれは、私たちの方であちこちつなぎ合わせなければならないような曖昧な言い方ではなく詳細にわたるまで、まるで私たちが過去の出来事を再現してでもいるかのように、はっきりしたものでした。

やがてこの人たちが別れの挨拶をして辞去した後で、この方々のうち、誰一人として100歳以下の人はおらず、エミール師の母君にいたっては、700歳を超えていて、そのうち600年は肉体のまま地上で生きていたことが判ったときには、ただただ不思議でしょうがありませんでした。

しかも、みながみな、まるで二十歳《はたち》の青年のように快活であり、まったく若者たちの集まりのようでした。その晩、彼らは辞去する前に、明日は、宿に相当人数の集まりがあるから、私たちにも出席して欲しいと言いました。

第21章

愛こそ至高の力／人間の魂に流れ込み、一切の善きものとなって注ぎ出る

エミール師の母君と36人が天使の一隊のように忽然と現れる

翌日の正午前に、調査隊員全員が到着しました。午後の時間はお互いのノートを比較するのに費やし、厳密に調べ合いました。

その晩ノートの照合が済むと、すぐに宿に来て夕食を共にするよう勧められたので行ってみると、男女子供合わせて約３００人もの人が集まって長い宴会用テーブルを前にして座っていました。

端のテーブルの一つに私たちの席が空けられていたので、そこに座ると自分たちの座っている側を除いては、室内を全部見渡すことができました。テーブルには全部きれいな白リネンが被せられ、正式の宴会のときのように陶磁器や銀器が置かれています。ホールにはほの暗い光がともっているだけでした。

かれこれ20分も座っていると場内はシーンと静まり返り、やがて一瞬のうちに青白い光が部屋いっぱいに漲《みなぎ》り、次第に強くなり、やがて部屋全体に輝きわたり、室内のすべてが、巧みに隠された数千もの電灯に次々とスイッチを入れて遂に全部点灯したかのように、煌々《こうこう》と輝きに満ちています。

しかし、実はこの村には電灯など一つもありません。光がついてからも沈黙は約15分続きました。

すると突然、霧のようなものが現れ、それがかたまりだし、前夜エミール師の母君が現れたときに聞こえた翼の羽音と柔らかいシュッという音がすると、霧は消えて、そこにはエミール師の母君と他に11人（9名は男性・2名は女性）の人が現れて立っていました。

その場の燦爛《さんらん》たる美しさは、もはや言葉では言い尽くせません。

この人たちは翼もないのに、天使の一隊のように、忽然と現れた、と言っても誇張ではありません。

この方々は、暫くはじっとそこに立ったままでした。

私たち一同が、頭を下げてじっとしていると、すぐに歌声が聞こえてきました。しかし、声の主は見えません。今までに「天楽」という言葉は聞いたことがありますが、実際にそれを体験したのはこの夜が初めてでした。

私たちの身体が少し宙に浮きました。この音楽がだんだん終わりに近づく頃、この方々は、自席に歩いて行かれました。

その時ことさらに静かに歩こうとしているのでもないのに、その歩みに少しも音が立たないことに、私たちは気づきました。

やがて12名の方々が各々の席に着くと、またもや先ほどと同じ霧が現れ、晴れたかと思うとまた12名の人たちが現れてそこに立ちました。

今度は11人の男性と1人の女性で、その中に私たちの記録担当の友人のチェンダー・センも混じっていました。彼らが暫くそこに立っていると、再び歌声が鳴り響きました。歌が終わりかけると、やはり少しも音を立てずに各々の席に歩いて行きました。

彼らが席に着いたかと思うと、またもや霧が部屋に満ちて、やがてそれが晴れると、今度はホールのずっと端に13名の人が現れました。

真ん中の方は、10代の美しい少女のように見えました。ここに現れた女性はみな美人ですが、この真ん中の少女が飛びぬけて美人です。彼らも暫く立っていました。またもや音楽が流れ、暫く楽の音が漂っていると、今度は聖歌隊の合唱が始まりました。

私たちは起立しました。

楽の音はうねるように進みました。何かしら不思議な形態のものが数千も動き回り、声を合わせて斉唱しているのが見える気がしました。歌には、一つとして悲しい調べはなく、短調もなく、すべてが魂からおのずと湧き出る喜びの調べであり、聞く者の魂に触れ、触れた魂をいやがうえにも高めて、遂には地上遥かに天駆ける心地に誘いました。

歌が止むと、この方々も各々の席に行って着席しました。

真ん中にいた少女が両方に女性を一人ずつ従えて私たちのテーブルに進んできたとき、私たちの目は完全に彼女に釘付けになりました。

彼女が私たちのテーブルの上席に腰を下ろすと、その左側の皿が静かに重ねられました。光が暫くの間弱くなりました。この37人全員の周りには、先に目も眩《くら》む思いがした光と同じ光が放射しています。

一方、主賓の頭上には際立って美しい光輪が浮かんでいます。ところが一団の中で、これらの情景にひどく感動しているのは私たちだけで、他の人たちは、さも当たり前のような様子でした。

みなが着席しても、沈黙は暫くの間続きました。

やがて先に出現した13名の人々のリードのもとに、室内の人たちによっていっせいに歓びに満ちた歌が流れるように歌われ始めました。

歌が終わり、私たちのテーブルの上席の女性が立っておもむろに手を差し伸べると、その手の上に約2インチ（5㎝）四方、長さ14インチ（36㎝）の小さなパンが一本現れました。この36名の人たちが、一人ひとり出て来て、彼女の手から同じようなパンを次々と一本ずつ受け取って各食卓に渡し、各人にパンを切って渡しました。

パンを渡し終えると、彼女は、

「キリストはみなさんの中に、またすべての人の中に住み給う。みなさんの身体は、清く、全く、若く、常に美しく、神聖です。神はみなさんを、まさしく神自らに似せて創り給い、ありとしあらゆるものを統《す》べ給う。あなた方自身は、常に父にして母なる神の、いと歓び給うキリスト＝神の子＝神の一人子です。清く、全く、神心にして尊く、神と一体にして善のみです」と言いました。

全員にパンが行き渡ると、彼女は着席しました。彼女の前に置かれているパンは、これだけの人数に切って渡した後も、依然として長さも大きさも元のままでした。

神の属性の中で最大のものは「愛」

式が済むと、大きな蓋のついた食器に入った食べ物がたくさん現れ始めました。

それは姿なき何者かが運んできたかのように、この貴婦人の前に忽然として出現したのです。

彼女はおもむろに蓋を取って傍らに置き、配り始めました。食器に料理をよそうと、それが自然に回されていきました。最初に右側の女性、次に左側の女性に廻され、次々と配られて、一同にたっぷりと行き渡りました。

会食が少し進んでから、隊長がエミール師の母君に、「神の属性の中で、何が最大のものと思われますか?」と訊ねました。間髪を容れず、「愛です」と答え、それから語りだしました。

「生命の樹は、神の楽園の真ん中、つまり私たち自身の魂のいと深きところにあります。それから生え出て、完全に熟し切り、もっとも完全にして、生命を与える果実となったものが愛なのです。愛の真実の性質をよく理解している人々は、愛をこの世における最大のものとしております。これはこの世におけるもっとも大いなる癒しのパワーであると、私は付け加えます。

愛が人の心のすべての要求を満たせないということは、決してありません。愛という神の原理を働かせれば、あらゆる悲しみ、あらゆる病、あらゆる苦境、人類を悩ますあらゆる欠乏を取り除くことができるのです。愛の精妙無限なる影響力を正しく理解して用いれば、世界の傷は癒え、愛から発する神聖な憐みという甘美な外套《がいとう》は、人類一切の不調和、すべての無智、すべての誤りを蔽《おお》うことができるのです。愛はその翼を広げて、人々の心の乾ききったところや、人生の荒地を探し出して、魔術のごとく人間性を取り戻し、世界を変貌します。

愛が神です。それは、永遠、無限、不変であり、およそ人間の洞察を超えた無限の彼方にまで至るのです。愛の果てというものは、ただの空想に過ぎないのです。**愛はそれ自らの法則を成就し、その完全なる業を完成して、人間の魂に流れ込み、一切の善きものとなって注ぎ出でる口を求めています。**

意固地や不調和な考えによって妨げられさえしなければ、永遠に変わることなき神の愛の流れは、平和を乱す不調和や醜悪というすべての仮象を、赦《ゆる》しという広大な宇宙的愛の海に押し流しつつ絶えず流れていくのです。愛こそは、霊の全き果実であり、発しては人類の傷を包み、諸々の国民をより親しく睦ませ、調和させ、世界に平和と繁栄をもたらすものです。それは、実に世界の脈動であり、また宇宙の鼓動です。もし人類がキリストの御業を行おうと望むのであれば、大いなる遍在生命より出ずる、この愛の流れによって満たされなければなりません。

生きていくことが、あなた方には重荷なのですか？　目前の問題に立ち向かうのに勇気とパワーが要るのですか？　病に悩んでいるのですか？　それとも何者かを恐れてでもいるのですか？

もしそうなら心を上に向け、あなたを導き給う神に祈りなさい。神の不滅の愛が、あなたを包むでしょう。恐れる必要はありません。神はこのように言い給うたではありませんか？

『彼らが呼ぶ前に我は答えよう。彼らが語っている間に我は聞こう』と。平伏嘆願するのではなく、必要な助けはすでに与えられていると知る理知的信念に満ちた祈りをもって、大胆にこの神の愛という王座に近づくのです。疑うなかれ。もっと積極的に出よ。すなわち神に求めよ。キリストのごとく生ける神の子として出生した権利を要求せよ。私たちが『生き動き存在している』不可視の普遍源質の中には、およそ人の望み得るすべての善きもの、完全なるものがあり、信念によって引き出されて具現化されるのを待っていることを知っていただきたいのです。

あなた方自身の偉大なる書（聖書）のなかで、パウロが、慈善という言葉ではなく愛という言葉を使って『コリント人への第一の手紙』第13章で、愛について語っているのを読んでください。

また、ソロモンを思い出してください。彼はあの経験をした夜、光り輝く愛を宇宙大に広げ、我がためならず、ひたすら人のために奉仕することを願ったのです。このことによって、彼は前代未聞の富を得、その上彼の求め得るパワー以上の長寿と名誉を得ました。彼は、愛が必然的に叡智を伴うことを改めて認識しました。その愛が、無限の富を引き出して彼に与えたのです。『ソロモンの時代にありては、銀はものの数にもあらざりき』という聖書の言葉通り、この愛の大王は、コップまでが純金製だったのです。

愛することとは、神の無限の黄金の宝の蔵を開け放つことです。もし私たちが愛するなら、私たちは、与えずにはいられないのです。そして、また、**与えることは与えられることであり、こうして愛の法則が成就されるのです。また、与えることによって私たちは因果応報の誤りのない法則を発動させます。**

与えれば、たとえ返礼などまったく考えていなくても返礼を避けることは不可能です。なぜなら、あなたが与えた豊かさは、あなたに返ってきて初めて法則が成就するからです。『与えよ。さらば与えられん。人々はおし入れ、ゆすり入れ、溢れ出るまでに量をよくして、あなたがたの懐に入れてくれるであろう。あなたがたの量るその量りで、自分にも量りかえされるであろう』とある通りです。

もし愛の精神で働くなら、神が私たちの心の中に臨在し給うことは間違いありません。神の生命・愛・叡智と一つになるには、意識して神に触れることです。意識的に神に触れているということは、今晩こうして豊かな料理が私たちに差し出されるように、いやでも豊かさが差し出されることです。

豊かさは本来すべての人にもれなく与えられている以上、何もことさらに貧しくある必要はないのです。この本来の豊かさを悟れば、人はいろいろな制約や限定の枠を遥かに超えるようになることは間違いありません。豊かさを思うに当たっては、詳細な点まで考えることは一切棄てなければなりません。豊かさという以上は、いちいち細かいところまで考えてはいけないのです。

また、いつも豊かな気持ちでいるためには、常に心を広げて『普遍なるもの』の中で遊行し、完全なる自由を大いに享受しなければなりません。ただし、この自由を放縦と勘違いしてはなりません。なぜなら、私たちは、すべての想念とすべての行動とに責任を持たされているからです。とはいえ、私たちの意識がこのような自由に、一瞬のうちに達するということは不可能です。自己限定の最後の痕跡まで打破することは、一瞬にも成し遂げられるかもしれませんが、実はそのように完全な自由に到達するという輝かしい成功の前に準備がなされていたのです。

すなわち微細な点に至るまでの準備が内部から成されていたのです。それはちょうど、一枚一枚の花びらが細かいところまで蕾《つぼみ》の中で完成されているようなものです。準備が完全に整えば、蕾はその萼《がく》の殻を破って美しい花となって咲きだします。ちょうどそのように、人が実相を開顕するには、まず自我の殻を破らなければなりません。

神の法則は今も昔も不変です。不変であるとともに慈愛でもあります。なぜなら、その法則は本来善だからです。私たちがこの法則に合致して生きていくなら、それは私たちの健康、幸福、平和へと導き、成功の礎となります。もし私たちが完全に神の法則に従うなら、悪しきことは何一つとして起こりようがないはずです。病など癒されるまでもなく、あらゆる点で健全です。

人類の心の底には、故郷を恋する深い情があり、それは神の存在と、神が父なることをはっきり意識し、あるいは理解して初めて癒されるものであり、その他のなにをもってしても癒されるものではないことを、私たちは一体どれだけ理解しているでしょうか？

この渇望が実は神を求める心情の叫びだったのです。

神を知るということほど、人間の魂が強く憧憬するものは他にありません。まことに、『彼（神）を正しく知ることは永遠の生である』のです。多くの人々が何かを成し遂げたら、あるいは、限りある卑俗な欲望を満たせば、満足や安らぎが得られるに違いないと思い、あれからこれへと常に移り渡っていく姿をごらんなさい。これらのものを追いかけて手に入れたところで、結局満たされないことを思い知るだけです。ある人は家や土地を欲しいと思い、ある人は巨万の富を望み、ある人は博識に憧れる。しかし、ありがたいことに、わたくしたちは、人間が外界に求めているこういったものを、実はすでに自分自身の中に所有していることを、特別に悟らせていただきました。

偉大なるマスターイエスは、人類すべてにこの真理を理解させようとしたのです。そのイエスをわたくしたちはどれほど愛していることでしょう。イエスはあれだけの境地に達し得ただけに、美しいまでに凜然《りんぜん》として卓越していらっしゃいます。

わたくしたちは、イエスの達したような内奥の至高所に到達した人々をすべて愛しています。わたくしたちはそういう人々をただその業績のゆえだけでなく、実際の人柄ゆえにも愛しているのです。

内なるキリスト（神我）によって、死、肉欲、疑念、恐れを克服できる

大悟の後、イエスは決して現象という外殻に安住しようとはなさいませんでした。彼は常にご自分の存在の中心、すなわちキリストに思いを致していました。

イエスを通して、今日のあらゆる人々の中に生きる、内なる神であるキリスト、すなわち『中心の火花（Central Spark）』が現れ、それこそが物質的身体、すなわち肉体を完全に統御していることが示されたのです。

イエスはこうしてあの力強い御業をなされたのであって、あなた方と違っているところがあったからではないのです。また、別に今の人々以上に強大なパワーを持っていたわけでもありません。

イエスは、神の子であり、私たちは単なる神の僕《しもべ》に過ぎないというものではないのです。イエスは現在のすべての人々と同じ一人の人間だったのです。

ちょうど、あなた方が誘惑や試みのために苦しんだように、イエスもまた悩み、誘惑を受け、試みにも遭いました。キリストが肉眼でも見える肉体をまとってこの地上にいた間、

独り毎日数時間も神と共にいらっしゃったことを、私たちは知っています。また、青年時代は私たちがこれまでに体験したことや、今日あなた方が遭遇しつつあることを経て来たことも、私たちは知っています。

父なる神はそのすべての子たちに『神の火花』を植え付けました。イエスはこの『神の火花』を自分の努力で一層明るく輝かせ、すべての生命と愛の力の根源である神ご自身と意識的に一体になるようにしたからこそ、これらの御業ができたのです。人はみな、死、肉欲、疑念、恐れを克服して、この内なる存在（Presence）、『我が内なる父』を完全に意識し、認めるようにならなければなりません。イエスはこの内在の神に、その奇《くす》しき御業の功《いさお》を帰しました。

わたくしたちにしても、なお学ぶ必要があるように、キリストもまた学ばなければならなかったのです。現在のあなた方のように、イエスもまた幾度も幾度も試みなければならなかったのです。あなた方が今日、頑張らなければならないように、イエスもまたこぶしを握り、歯を食いしばって『きっと成功してみせるぞ、私はキリストが我が内に住み給うことを知っているのだから』と言いながら、頑張らなければならなかったのです。

イエスを、昔も今も偉大ならしめたのは、内なるキリスト（神我）です。すべての人々がイエスと同じ境地になれるのもまた内なるキリストの故です。だからと言って、わたくしたちがイエスを軽んじていることには決してなりません。なぜなら、わたくしたちは、口では言い表せないほど、イエスを愛しているからです。イエスは人々を神へと導くために、人々に罪・病・苦難から逃れる道を教えるために、そういう人々に内在の父なる神を顕現させるために、そして、同じ父なる神がすべての人々の中に宿っており、すべての人々を愛していることをすべての人々に教えるために、イエスは自我を完全に十字架にかけたのです。

イエスの生涯と教えにできるだけ従う人なら、誰一人としてイエスを愛さずにはいられません。イエスはわたくしたちの完全なる兄なのです。しかしながら、もしわたくしたちが生得の権利を売り渡してしまうのであれば、あるいはもしもわたくしたちが神の慈愛と深き法則を軽視するか軽蔑《けいべつ》するような気持ちで扱い、父なる神の家に背中を向けて放蕩《ほうとう》息子のように遠国に彷徨《さまよ》い出るなら、たとえ家の中に平安や豊かなぬくもりや明るさがあっても、なんの役に立つでしょう。

人の世の塵《ちり》に倦《う》み、疲れて郷愁に堪《た》えがたくなったとき、みなさんは、ふらつきながらも足を運んで、父なる神の家に帰ることができるのです。それは艱難辛苦という路上で起こることもあるでしょうし、すべての物質的なものを喜んで放下することによって成されることもあるでしょう。

自分の知能をどんな風にして獲得したにせよ、みなさんは、いずれは『至高の場所』からの招命という目標に向かって、どんどん進んでいくようになります。一歩一歩踏み出すごとに、強くなり、大胆になり、遂には決して挫折や躊躇《ちゅうちょ》をしなくなるでしょう。あなた方は自らの内の魂の光輝を求めるようになるでしょう。それこそわたくしたちが、『生き、動き、存在する』神聖なる遍在者なのです。わたくしたちは、呼吸のたびにそれを呑《どん》吐《と》しています。心臓が鼓動するごとに、それを生きているのです。

平安、健康、愛、歓び、繁栄は宇宙スピリットの果実

あなた方は、教えを受けるために、わざわざわたくしたちのところに来る必要があると思ってはなりません。自分自身の家へ、教会へ、祈りの家へ、あるいはどこであろうと、自分の欲するところへ一人で行くことです。偉大なる愛の大師イエスがあなた方を援助してくださいます。最高の教えを受けた人、また今受けつつある人全員が、あなた方が今い

るところであなた方の援助ができますし、常に援助しようと努力しています。

イエスをはじめ、すべての大師たちは、救いを求める人々をいつでも救ってあげようと待ち構えていらっしゃるのが、わたくしたちにははっきり見えます。あなた方はただ呼び求めさえすればよいのです。求める声が終わらないうちに応えが得られるでしょう。この方々は、常にあなた方の傍にいらっしゃいます。あなた方の傍を共に歩む大師たちのお姿が判るようになるまで、自分の心の状態を高めさえすれば良いのです。そうなれば、あなた方は、今後なにかで挫《くじ》けたりすることは決してないでしょう。

大師たちは、両手を広げてこう言っています。『我に来たれ。我汝らに安息を与えん』。これはなにも、死んでから来たれ、という意味ではなく、そのままで今来たれ、という意味なのです。

あなた方の意識を私たちの意識の高さまで高めることです。その時、あなた方は、私たちの今晩の境地すなわちすべての世俗的制約を超えた、豊かで自由な境地に立つのです。

平安、健康、愛、歓び、そして繁栄がここにあるのです。

これらは宇宙スピリットの果実であり、神の賜物です。

もしわたくしたちが神のみを見上げて暮らすならば、どのような災害もわたくしたちの上に来ることなく、どのような害悪もわたくしたちに近づくことはできません。もしもわたくしたちが神に全託するならば、法則、すなわちイエス・キリストの御名において、わたくしたちの病は癒されるのです。

無限にして不滅の宇宙スピリットの子なるあなた方の真ん中に神は在《ま》します。ゆえにあなた方が怖がり、震え、失望しなければならないことは何一つなく、恐れなければならないものも、何一つありません。あなた方は、父なる神の御胸から出て来たのであり、全能の神の息があなた方を生ける魂として創造したのです。『アブラハムのありし先より、汝らはありき。今し我らの愛する子、キリストと共なる世継ぎの子なり』であります。

イエスと同じパワーがあなた方の中にあるのです。これが大霊の外套《がいとう》と言われているものです。

このことが正しく理解できれば、もう老い朽ちることもなく、病もなくなり、事故に遭うこともなく、死もなく、なんらかの形で命を奪われることもないということが判ります。この外套をしっかりまとえば、何ものもそれを貫くことはできませんし、何ものもあなた方に触れることはできないのです。

たとえ人間の作り出した破壊、あるいは破壊力をすべてあなたに向けたとしても、なんら害を受けずにその中から立ち現れてくるでしょう。万一肉体が破壊されたとしても、直ちに同じ形の霊体として回復するでしょう。これこそ、どんな人間の工夫した鎧《よろい》よりも優れた鎧であり、しかも何のお金も何の代償も払うことなく使うことができます。あなた方はそのままで生ける神の子として蘇ることができるのです。イエスはこのことを知っていました。

彼はあのカルバリ（訳者注：イエスが磔にされたとされる場所でギリシャ語のゴルゴダ）の苦しい体験を嘗《な》めずに済ますこともできたのです。ご自分の力を使おうと思えば敵に指一本すら触れさせはしませんでした。彼は、ご自身の身体の中で、霊的大変化が起こりつつあることが判っていました。もしこの変化が知人や愛する人々の前で起きても、外部からでもそれと判る変化が何もなければ多くの人はその霊的意義に気づかず、依然として人間的自我にしがみつくであろうことに気づかれました。

また、**イエスは死を克服するパワーが自分にあることも知っていました。それで、ご自分の愛する人々に、彼らにもまたイエスと同じパワーがあることを示したかったのです。**

そのために、カルバリの道、すなわち肉眼で見ない限りは信じないという常人の道を選ばれたのです。

さらに、イエスはすでにご自分の身体を完成させていたので、たとえ敵が生命を奪っても（彼らは生命は奪い得るものだと考えていました）、その肉体を墓の中に葬り、巨大な石を転がして蓋（人間が肉体に加えうる最後の制約）をしようとも、なおかつイエスすなわち神我はこの石を除けて、イエスの神我、すなわち霊体がすべての人間的制約を超越し得るものだということを知らせたかったのです。

イエスは自分の身体を消そうと思えば消すこともできたのですが、霊体が進化すれば、どのような事件や状態もこれを破壊することはできず、また他の者がその生命を奪えないことを示す方を選んだのです。

磔刑のあと、イエスの身体を見る意識に達した者だけがイエスを見た

磔刑と昇天の後、イエスの身体は霊的にきわめて高度に発達したため、イエスは自分の姿を見ることのできるレベルまで、周囲の人たちの意識を高める必要がありました。それはちょうど、わたくしたちが、今わたくしたちの周囲の人たちほとんど全員の意識を高め

なければならないようなものです。

イエスが刑死した朝、マリアたちがイエスの葬られた墓に来て、石が除けられ、屍衣が脱ぎ捨てられているのを見ても、一定のレベルまでイエスが意識を高めるまでは、イエスに気づくことはできませんでした。その後、二人がエマオへの道に立っていたときに、イエスが近づいてこの二人に話しかけても気づかず、イエスが彼らと共にパンを分かち合ったとき、初めてイエスと判ったのです。

それは、その時になって初めて彼らの意識がイエスを見られる高さまで高められたからです。ちょうどそういう風にして、イエスが他の人たちの前に現れ、共に歩き、話しかけても、彼らの意識がイエスを見ることのできるレベルで働いていなかったため、イエスを認識できませんでした。彼らの意識がイエスの意識と同じレベルまで上がったとき、あるいは同じレベルで働きだした瞬間にイエスが見え始めたのです。

その時初めて幾人かが霊の意識、すなわち霊の現実性を悟りました。そのすべての奥にある深い霊的意義がやっと判りました。彼らはイエスの霊の実在を知ったのです。

それにもかかわらず、大多数の人々はまだ霊的意識を悟り得るレベルにまで達していなかったため、イエスを信じませんでした。

死と人間心の造り出した制約はすべて超越することができる

しかし、ようやく人間の卑俗な考え方のためにおおわれていた神秘の幕は取り外されました。

『しかして、神秘の幕、上より下まで真二つに裂けぬ』とあるのが、実はその意味です。すなわち、すでに死を克服したり、という自覚が得られたのです。否、死だけでなく、すべての人間心の造り出した制約はそれを超越することによって、換言すれば、私たちの意識がそういうものをもはや認めず、また、認めざるがゆえに存在しないという段階にまで高まることによって、超越することができるし、また超越されるであろうという自覚を得たのです。もしこういう意識状態を人が愛し、且つ持ち続けるならば、遂にはその通りになるものなのです。

これは、物質性という固い石の上に臥《ふ》せっていたヤコブの得た啓示でもありました。『認めるものは現れる』ということが彼に啓示され、その悟りが彼を物質的束縛から解放しました。

わたくしたちが自分の理想とするところのものを、『形無きもの』の中に明確に入れると、普通の人間的意識には見えない『形象なきもの』から、直接に形を取って現れてくるのです。『牛の飲み水』というのは、いわば鏡を象徴するに過ぎず、この鏡によって心の中に持ち続ける心象が最奥の魂に映じ、受胎し、やがて生まれ出るのです。

今晩ここにお集まりのみなさんの場合もこれと同じです。ごく少数の熱心な人々だけが悟り、精進しつづけ、内なる実相を顕現し本当の神の栄光を行うものです。それ以外の人々は、初めのうちは結構ですが、まもなく物質性という一番目の壁にぶつかり、それを超えるのに、多大な努力をしなければならなくなります。そのために、そんな難儀をするよりは、波のまにまに漂った方がずっと気楽であると思い、やがて落伍するようになるものです。

わたくしたち一行はみんな、この地球上の肉眼に映る俗界に住んできました。実際わたくしたちは、地球を離れたことがありません。わたくしたちは、低俗な意識をもっている人々だけに見えないのであって、より高い意識層にいる人々には、わたくしたちがいつでも見えるのです。

魂の中に入れておいた想念の種子は観念となり、心の中で心象となって、やがては具現化し、具現化したものを再度わたくしたちは体験するのです。完全を思えば完全が出てきます。その逆もまた然りです。強大な樹の種子ともっともか弱い種子の両方を植えれば、太陽と土は贔屓《ひいき》せずに、いずれにも同じように働いて前者を巨木となし、後者をか弱き花とならしめるのです。

神の霊と魂もまた、人に対してそのような応え方をします。それは人の欲するもの、信じて求めるものは、何であれ与えるものだからです。

死の関門を超えた者は、さらに「幽界」を突破しなければならない

死という関門を経て可視界を過ぎ去った者は、次に幽界に現れます。なぜなら、俗人は心霊界で働くようになっているからです。『物質界＝可視界』と本当の霊界との間に大きな幽界が存在するのは、そのためです。

真の高度なスピリチュアリティを目指す求道者は、この低俗な幽界を突破しない限り、真に高度なものを把握することはできません。高度なスピリチュアリティを悟るためには、心霊現象を超えて直ちに神に至らなければならないのです。

死は、魂をただ心霊界に解放するだけであって、そこでまた、魂はさまざまに現象化するのです。こういう風にして亡くなった人は、ただ一つの神の霊、一つの神の心、一つの神の身体があるだけであって、すべてはこの一なるものから出て来て再びそれに還るということを悟らなかったのです。

この一なるものから出て、完全なる体を与えられた霊は、一なる神霊の一部分なのです。ちょうど、わたくしたちの胸が肉体全体の一部であって、決して別のものではなく、わたくしたちの四肢が別々に離れているものではなく、全体と一つになっており、全体を構成するためには、ピッタリと接合しなければならないようなものです。そういうわけで、すべての霊、神の表現するすべてのものは、ピッタリ接合して初めて完全となります。『彼らすべて一つの場所に集うべし』という聖言は、実は私たちが神の一つの表現であって、すべてのものは『一つの根源＝神』からきたものであることを自覚しなければならない、という意味なのです。これこそ真の贖《あがな》い (at-one-ment) すなわち、人間が神と一つであり、まさしく神の像にかたどって造られたのであり、神はその像を通じて初めて人間のために包蔵する理念を現すのだと知ることです。神の抱く最高の理念が、私たちを通じて完全に現れるように、と欣求《ごんぐ》することが、『おお神よ、我が意志ではなく、あなたの意志が成されますように』と言われたキリストの言葉の意味です。

意識的、無意識的にかかわらず、神の意志を行わない限り、人は低俗な考え方を超越することはできないのです」

鉱物界、植物界、動物界、人間界、神界／五つの王国の話

ここでしばらく話が途切れたので、隊員の一人が、物質の相対性について質問をしました。そこで彼女は再び話し始めました。

「正確には、源質というべきです。質料の相対性というべきです。ここでしばらく五つの王国、つまり鉱物界、植物界、動物界、人間界、神界について考えてみましょう。鉱物界のどの一部をとってみても、すべて『一つの生命＝神の生命』の現れです。鉱物の各部分が空気や水という要素と結びついて解体あるいは分解したものが土壌となるのであって、その各部は依然として元の生命、すなわち神の生命をとどめています。この鉱物界だけが、次の一段階上の神の表現である植物界が出現する場となります。

植物はそれ自身この共通の一なる生命を含んでいながら、今度は鉱物界から生命の一部

をとって増殖し、神界を目指して一段と高い表現をします。これがさらに、次の神の高次の表現体である動物を出現させます。

動物は、同じくそれ自身一なる生命を含みながら、この生命の一部を植物から引き出して増殖し、神界を目指してさらにまた一段と高い表現をします。これが次の、神の一層高次の表現である人間界出現の契機となります。

人間がこの王国に達したとき、彼はありとあらゆるものが、一つの根源から出て来たのであって、万物は、『一なる生命＝神の生命』を持っていることを認識します。こうして彼は、すべての物質的なものに対して支配力を得たのです。しかし、わたくしたちは、ここで止まってしまう必要はありません。なぜなら、すべては進化するからです。人間はここまで到達してもまだ征服すべき新しい世界があることを発見するでしょう。

わたくしたちは、すべての空間にはただ『一なる生命＝神の生命』が存在すること、すべては唯一の根源・唯一の源質から発していることを認めるところまできました。となれば、すべての源質は相関的すなわち関連し合っているということになりますね。そうでしょう？」

ここでお話は終わり、やがて会食も終わりました。

テーブルと椅子が部屋から片づけられて、軽い談笑のひと時が続きました。姿なき合唱団が奏でる歌とダンスもあって、みなが一緒にこの時間を楽しみました。

姿なき合唱団も今度は姿を現して会衆の間を歩き、時には彼らの頭上に浮かんだりしました。最後は一同が参加しての音楽と歌と笑いの爆発になりました。総じて、私たちが今まで見た中で、もっとも印象的な情景でした。

もし私たちが沈黙を守れば、姿なき合唱団の音楽はいつでも聞けるのですが、音楽に合唱が伴うのは、このような機会だけであるということでした。

その後数回試してみたら、事実私たちは音楽を聴くことはできました。それはいつも静かで美しい甘美なものでしたが、数名の大師たちでも集まらない限り、あの晩のような歓喜に満ちた屈託のない集会にはなりませんでした。この音楽が天使の聖歌隊と呼ばれているものだそうです。彼らはそれを、『調和する魂たちの交響楽』と呼んでいます。

この村に私たちは3日間滞在し、その間にたくさんの大師やその弟子に会うことができました。3日目の夕方、彼らは私たちの冬の宿舎での再会を約束して、姿を消しました。

第22章

万象同根、万人兄弟／ビジョンという内なる創造の原理

神から与えられたパワーと支配権を誤用して、差別や分裂が生じはじめた

翌朝私たちは、エミール師とジャストにだけ同行を頼んで村を出発しました。目的地は冬の宿泊先として、事前に決めておいた土地です。このあたりの冬は過酷で、魔の冬が到来する前に、住み心地の良い宿舎を確保しておこうと思ったのです。

他の場合でも大抵そうだったのですが、この点でも私たちの心配は取り越し苦労でした。到着してみると、宿舎の方は、すでに気持ちよく整えられていたのです。

私たちの辿っている道は村を出て高台を越え、曲がりくねった長い峡谷を昇って尾根に至っています。

この尾根にも武装した村があって、先ほど私たちの通った高台を守っています。切り立った峡谷の壁は、約200〜500フィート（60〜150m）あり、山々を結んでいます。その山々は、道が尾根に至る場所に比べて、さらに約2000フィート（610m）も高く聳えています。

尾根の頂上は約2ヘクタールほどの平地になっており、両端からは、岩の尾根が堂々と

上に向かって伸びています。これら二本の岩尾根の間は、約600フィート（183m）はあるでしょう。

この平地を横切って高さ12mの壁が築かれ、この二本の岩尾根を連結しており、格好の防御となっています。壁の厚さは、基底部で約18m、頂上で9mもあります。

頂上には大きな岩を転がし落とせるように滑走路が造られています。ここから転がり落ちた岩は、いったん壁の外側の地面に落下します。地面はさらに壁のところから厳しい傾斜になって急勾配の傾斜に続いています。

壁には30mごとに滑走路をつけて落下する岩に弾みをつけ、落下の途中に壁の基底部に当たらないようにしてありました。

落下して地面にぶつかった岩は途中粉々になって飛び散らない限り、その弾みの力で、傾斜と坂を転落し、さらに峡谷を転がっていきます。約16㎞の間、峡谷はどの部分でも幅15mくらいはあり、傾斜が大きいために転がり落ちてくる岩にとても弾みがつくので、これは効果的な防塞です。

峡谷の両側にも、岩を転がり落とせる場所が2か所ありました。

いざというときにはすぐ役立つように、壁の頂上には直径約4mもの岩がたくさん置かれています。しかし、これまでこの村に押し入ろうとした種族はただ一つしかなく、それも峡谷の壁の4か所の基地から落とされた岩でほとんど全滅したので、それ以降はこの仕掛けを使用する必要はなかったそうです。

1番目の岩が落下すると、他の岩もひとりでに落ちる仕掛けになっていて、次々と落下する岩が雪崩のようにすさまじい勢いで谷を転落していく仕組みになっています。しかし、過去2000年以上もの間戦闘がなかったので、壁上の岩は、今の場所にもう2000年以上も横たわったままだそうです。

村の近くまでやって来てみると、家が6軒あるだけで、どの家も壁の中に造りこまれた3階建で、壁の頂上がそのまま屋根になっています。したがって、各階と屋根を繋ぐ階段が、この村への出入り口になっています。

3階の壁には窓がついていて、下の峡谷を見下ろせるようになっています。この窓と壁の頂上から、数マイル彼方の山腹を山道が蛇行しているのが見下ろせました。

その夜は、1軒の家の3階に寛がせてもらい、夕食を早めに済ませると、日没の光景を見に屋根に出ました。

屋根に5、6分もいたかと思うと、見たところ50歳になろうかと思われる男性が、屋根に出てきました。ジャストの紹介が済むと、私たちの話に加わってきました。この人は、私が冬中の宿と決めておいた村の出身で、私たちは、その村に行く途中だったのです。同じ旅仲間ということで、私たち一行への参加を勧めました。彼は一応感謝はしながらも、同じ道のりを私たちよりも早く行けること、親戚に会うためにこの村に滞在中であること、明日の夕方にはすでに家に帰っていることなどを話しました。

そのうち話は、私たち三人がエミール師やジャストと一緒に行った寺院のことに戻りました。すると、この人は静かにこう言ったのです。

「あの晩、私はあなたが寺院の手摺《てすり》に座っているのを見ていました」

そのうえ、私の見た既述の夢も、この人が見せたというのです。

これには私も同僚もビックリしてしまいました。というのは、私はあの夢のことを誰にも話していなかったからです。

私たちとしては、この人は、まったく未知の人です。にもかかわらず、この人はあの夢を私が見た通り、鮮明に語るのです。

さらに彼の話は続きました。

「私たちが見せられた真理をあなたも見せられたのです。**人間は本来一体となって生まれ**

出たものです。そのことを知っている限りは、神から与えられたパワーと支配権を正しく用いることができますが、『我』の心が出てこのパワーを二元的に考えるようになったとき、このパワーを誤用して二元が造られるようになったのです。それは、人間が本来自由意思を持ち、自分が観た通りのものを創造する存在だからです。ここから種々の差別や大きな分裂が生じはじめ、それらが地上の何処へ行こうとつきまとうようになったのです。

しかし、それも変わる時期が到来しつつあります。種々の対立は、その極限に達し、人類は、万物が唯一の根源から生じているということを認識しつつあります。そのため、人々は次第に歩み寄りつつあります。

人類は、自分以外の人が敵ではなく、みんな兄弟であるということを悟り始めています。これが完全に判ったとき、万物がみな一つの本源から出て来たのである以上、すべてはそこに帰還しなくてはならず、したがって、実在において兄弟であることが判るでしょう。その時、人は自分がすでに天国に在り、天国とは今この地上で人間の醸《かも》す平和と調和であることを改めて悟るでしょう。したがって、**人は自分の選ぶままに、天国も地獄も造りだせるということが判ります。**天国という考え方は正しいですが、それを特定の場所としたのは誤りだったのです。

神は我が内に在る、否、我が内だけでなく、自分の周囲すべてのもの、すべての岩、すべての木、すべての花、およそすべての被造物に存在すること、自分の呼吸する空気の中に、自分の飲む水の中、自分の使う金銭の中に神がましますこと、神はすべての本質であることを知るでしょう。

呼吸するとき、私たちは、空気と共に神を吸っているのです。食物をいただくとき、私たちは食物と共に神をいただいているのです。私たちはなにも、新しい教派を作ろうなどとは望んでいません。現在ある教会で充分であり、教会はすべての人々に近づいて、すべての人が我が内なるキリストを通して神を知ることができるようにする真理の中心であると、私たちは考えています。

教会と関係のある人たちは、教会とはただ一つのこと、すなわち人類すべての中に在るキリスト意識を象徴するものであるということを悟らなければなりません。これが悟れたあかつきには、もう教派の差別など無くなります。

人間の『我』の考え以外に、一体どこに差別があるというのでしょうか。ある教会または団体は、他のそれとどこが違うというのでしょうか。いまどき存在すると思われる差別は、ことごとく人間の我の心だけにしかありません。この差別が人類を導いて今日に至らしめた結果というものを見てください。

国民と国民、家族と家族、いえ個人と個人の間にさえ、大戦や大きな憎悪が生み出されてきたではありませんか。それも全教会がめいめい自分たちの信条、あるいは教義こそが他のものより優っていると考えてきたからです。

しかし、本当は全部同じことなのです。

なぜなら、究極的には同じところに辿り着くからです。

個人が自分だけの天国を持つことはできないでしょう。もし持てるというなら、あらゆる教会会員は、自分の『何々教』という名のついた教会生活を地上で済ませて、いざ天上界でその報いを受ける段になったら、無数の天国という迷路の中で、自分専用の天国を探すために余生を費やすことになってしまいます。

人生のさまざまな制約は、それを克服して自分自身を解放しようという欲望を人に起こさせるもの

とはいうものの、教会という組織と、それに関連する人々は、日ごとに接近しつつあり

ます。いずれ一体となるときが来るでしょう。すべてが一つとなったとき、もはや組織の必要はなくなるのです。

ただ、これまでの差別の過ちは、全部が全部教会だけにあるのではありません。

要するに人生の本当の意味に目覚めている人が少ないからなのです。

ごらんなさい。ほとんどの人々が、欲求不満に陥り、あるいは眩惑《げんわく》し、あるいは押し潰され、あるいは不安のまま人生を彷徨っているではありませんか。

各人が人生の意義をしっかり摑んで、自分自身の生命の中心から、明確な目標と行動をもって、神の与える才能を顕現し始めなければなりません。各人が自分自身の生命を発展させなければなりません。あなたが、他人のために生きてあげるということはできません。また、他人があなたのためにあなたの生命を表現するということもできません。さらには、誰も、他の人に自分の生命をいかにして表現するかを教えてあげることもできないのです。

『父なる神は、自らの内なる生命と同じ生命をその子の中に与え給えり』とある通りです。それなのに魂は、この真理を悟れずに、あてどもなく漂っているだけです。なぜならば、人生のすべての目的は、内なる神我を現していくとき、おのずから明らかになるからです。

人は今も将来も、神の神聖なる像であることに変わりはありません。

これが、人間に対する神の目的なのです。人間のために神の意図するものを成すことこそ、人生における、人間の一大目的でなければなりません。

山上のイエスの下に弟子たちが来たとき、弟子たちに語ったイエスの叡智溢れる言葉を思い出してください。イエスの心は、この真理（山上の垂訓）を完全に悟っていた故に、人は真の理念、人生における真の目的を把握して初めてその全力を出し切って実相を開顕し得る、という信念に揺るぎはありませんでした。種子は地中にしっかり定着して初めて芽生えます。**内なる神のパワーもまた、人の魂の中にしっかり定着して初めて本当の望みを出させることができるのです。**私たちはイエスのように、実相開顕へと向かう端緒となる霊的欲求とは、実相を顕したいという確固たる願いであることを知らなければなりません。

人生におけるさまざまな制約は、それを克服して自分自身を解放しようという欲望を人に起こさせるものであることを知るために、イエスは『霊において貧しきものは幸いなり』と言いました。イエスは『必要は充足を予言する』とも知っていましたし、また、必要というものは、種子の受け入れ態勢のできた土壌のようなものであると見ていました。

もし種子が蒔かれ、伸び、生長すれば、それは必要を満たすことになるわけです。必要にしても、欲求にしても、実際は生命発展の過程であるのに、これまで誤った見方がされてきたのです。

偉大と言われる教師たちの中には、このような必要、あるいは欲求は、心の中から吐き出さなければならないと説く人たちがいますが、イエスは『満ちたりし者に災いあれ』と言われました。満ち足りた者は停止してしまいます。生命に完全に触れるためには、私たちは、あらゆる瞬間に、生命を表現しようと欲求しなければなりません。この表現欲が表現を駆り立てる原料となるのです。

地上の塵埃の中を這いまわることに倦《う》むと、やがて人は天駆けることに憧れます。この憧れが、現在の制約を超克することを可能ならしめる法則の発見へと私たちを誘うのです。それを発見すると、その人はもはや時間・空間に制約されることなく、どこへでも自分の欲するところへ行けるようになるのです。昔から、人間は計画し、神が処理したまうと言われていますが、実はその逆が真なのです。

なぜなら、神が計画し、人が処理するからです。もし人間がその気になれば、神の成すことすべてを成し得るのです。父の成したことを、子もまた成し得るのではありませんか。

我神なり（I AM）という素晴らしい悟り

人は外的なもので満足できなくなるとき、魂が内なるパワーを求めるようになります。その時、人は実相『我神なり』(I AM) を発見するようになります。

自分の中の魂を満足させ、魂のすべての必要と欲求を満足させるすべてのパワーがあることを知り得るのです。しかし、憂き世でのダメージに打ちのめされた揚げ句に、内界の平和と静謐を求めることをしなければ、このような智慧は湧いてこないかもしれません。私たちが、実相『我神なり』(I AM) こそ、自分の欲求を満足させてくれるものだと悟ったとき、欲求は実際充足されるのです。

自分の欲望を充足させるのに、神我の外に何かを求めるのは、愚かです。神我の開顕は、神我自体がやるものではなく、個我がしなければならないものなのです。実相『我神なり』(I AM) を知ること、我が内にこそ、すべての形あるものを造るパワーと源質と智恵が存すると知ること、明確にして賢明な欲求であれば、それが生じた瞬間にスピリットのパワーと知恵と源質が流れ来て、それを実現させるものであるということはなんという素晴らしい悟りであり、覚醒でしょう。これこそ、今までに見たこともない、天の宝庫ではないでしょうか。

未発のものの中に、私たちの内奥に、無限の宝は隠されているのです。真珠を発見したことのある人には、このことがよく納得できるでしょう。

では、次の聖句について熟考してみてください。

『まず神の国とその正しさ（Right-use-ness＝正しい使い方）とを求めよ、然《しか》らばすべてこれらのもの汝らに加わるべし』。『これらのもの』が加えられる理由は、それが宇宙の神髄そのもので造られているからです。心は欲するものを形成する前に、まず宇宙を見出さねばなりません。

覚者は、まず自分の内に創造の原理が存在することを覚知します。

その後に彼は観じます。

彼のこの悟りが、彼の生命（実相）にとっては、顕現の機会となります。

彼にはビジョンがあります。換言すれば、彼は自分の可能性、前途に横たわる可能性を自覚します。

彼に内在する創造原理を知ったうえで、魂の願望を思い起こします。すると、それが理念すなわち鋳型、あるいは中味となるべきパワーと原理を引き出す原型となります。『我観ずる』ことが、魂の思考となるのです。

それは、約束の土地、実現すべき夢であり、魂はそれを信じて観ずるのです。今はそれと意識して所有していなくても、法則を満たすにつれて、具体的な形となって出てくるに違いありません。それまでは、さまざまな経験に遭い、次々とそれを克服していかなければならないかもしれません。しかし、それによって、魂は償いを果たすのに役立っているのです。

ビジョンとは、約束の土地、実現すべき理念のことです。そう悟ったとき、魂はただ善のみを見、善のみを願うようになります。この点について、疑念や動揺や躊躇があってはなりません。そのような心の働きがあれば、それは致命的になります。

人は自己のビジョンを忠実に推進していかなければなりません。このビジョンが模型であって、ちょうど建築物の図面や仕様書のように必要なのです。建築家が設計士の提供した図面や仕様書に忠実であるように、人は自分のビジョンに忠実でなければなりません。真理以外は、すべて排除する必要があります。

他者を救うときほど、大いなるスピリットが高く表現される

すべての偉大なる魂の持ち主たちは、自分のビジョンに忠実なものです。

今すべて、現象化しているものは、初めにビジョン、すなわち魂の中に植え込まれた概念の種子が後に発芽して成長したものなのです。こうした魂の人たちは、この想念の種子が外部の人たちの不信に左右されることを断じて許しません。このビジョンのためには、彼らは犠牲をも厭《いと》わずに忠実にこれを守り、信じ、そうして遂に信ずるようになるのです。

イエスは、自分のビジョンに常に忠実であり、不変でした。彼は、最愛の近親者が不信不忠であったときでさえ、自分の計画にしがみついて離れませんでした。そうしてイエスのプランは、彼の信じる通りに、実現したのです。それは、すべての人々に対しても、同じように働くのです。

人が『約束の地』に向けて旅立つには、まず暗黒の土地を見捨て、それを忘れ去らなければなりません。暗黒を去って、光明に向かわなければなりません。前進しながら停止するのは不可能です。古きものを捨てて、新しきものにしがみつかなければならない。覚え

ていたくないものは忘れ、心に留めておきたいものだけを覚えるようにしなければならない。前者も大事ですが、後者も大事です。

もしビジョンを実現したいと望むのなら、ビジョンだけを覚えておくことです。

生み出したいと思うビジョンを心の中にしっかり持ち続けて覚えておかなければなりません。

実現したくないものは忘れなければならない。覚えることを拒否しなければならない。ビジョンを実現させるためには、すべての想念、考え、言葉、行動をビジョンに忠実にしなければなりません。これが、本当の思念集中、献身の集中、本質へのパワーの集中です。

これが、理想を愛することです。理想が実現されるのは、ただ愛によってのみです。愛は理想を現実化します。最初は失敗しても、決意を固めて前進することです。それは意志の実践であり、自信の叫びであり、理想にパワーを振り向ける信念の表現です。理想は、パワーを意識的に向けることなしには、あるいは意志の実践をせずには、決して達成できるものではありません。

その意志も理想的でなければ、理想自体にとって致命的となります。意志には、その仕える理念と同じ性質がなければなりません。もし意志自身の方で、理想に仕えようという気持ちが起こらなければ、魂のパワーは発現しようがありません。自分が他人から仕えてもらおうと意志すれば、生命の流れは『我』に背き、仕えようと意志すれば、生命の流れが、『我』の中を貫流し続けて『我』が光輝を放ち続けるのです。仕えることが、ビジョンに目的を与え、生命の中に愛を放出します。

愛がまず生命を現す本人の中を流れ、外界に現れるということがどうしてできるでしょう。愛が意識の中を流れていくとき、全体の器官がこれに感応します。すべての細胞が感動に震えます。すると、肉体は調和し、魂は光輝を放ち、心は啓示を受け、想念は明確になり、生気を帯び、的確になり、言葉は積極的、真実、建設的となり、肉体は刷新され、浄化され、活力を与えられ、万事が整い、すべては思い通りになります。

こうして実相（『我神なり』（I AM））が個我を通して表現され、個我はもはや実相を抑圧できなくなります。肉体が大いなるスピリットに従順でなければ、どうやって肉体は大いなるスピリットを現すことができるでしょうか。顕在意識が、大いなるスピリットのパワーを学ぶためには、大いなるスピリットを求め、欲しなければなりません。そうすれば個我は、大いなるスピリットこそが、欠乏を満たすものであることを知るようになります。

個我が大いなるスピリットの促しに従って、他者を救ったときほど、大いなるスピリットが高く表現されることはありません。他の人々へ愛が流れていくときに初めて大いなるスピリットの蔵は開かれます。神の無限の蔵をすべての人々に開くのは、『我仕えんと意志する』ことです。奉仕しようと意志したときには、もう魂は父なる神の家に戻っています。それまでの放蕩息子も奉仕するようになって初めて歓待される息子となったのです。籾殻《もみがら》を食べていた雇人が宮殿の王子、すなわち、彼自身の可能性の主人公になったのです。彼は、神の愛を知り、父なる神の賜物を理解し、専有します。子以外には何人もこの賜物を受け取ることはできません。僕《しもべ》は常に求めるのですが、子は父の所有するすべてをすでに継承しているのです。自分が父なる神の家族であって、父なる神の所有するすべてを継ぐ者であると知るとき、その時こそ、私たちは、父なる神の望まれる生き方をし始めるのです。

『見よ、今や我ら神の子らとなれり』。神の子であるとの意識は願望の充足をもたらし、下僕であるとの意識は欠乏をもたらします。身（行動）口（言葉）意（想い）において、神の子としての役割を果たすや否や、私たちの心願のすべてが父なる神によって満たされることを必ず知るでしょう。そしてまた、神の子たちが自由であることを必ず知るでしょう」

ここまで話すと、語り手は立ち上がり、別れの挨拶を述べ、お互いにめいめいの宿に到着したら、会いましょうと言い残して辞去しました。

第23章

400歳の美女がマスターたちにもっとも愛されている理由

大師たちが住む村はすべての人間を兄弟と思っている

翌日、私たちはこの村を出発しました。

3日間、山の多い凸凹だらけの土地を通って行きました。この辺りは、人口が極めて少なく、適当な宿泊所がないため、私たちは、毎晩テントを張らなければなりませんでした。今回はまったく食糧を携行しませんでしたが、食べ物が欲しいときは、自然に現れてきました。食事の支度が終わると、食べ物がすぐにでも食べられるように、きちんと手元に現れてくるのです。そのうえ、いくら食べても尽きることなく、いつも少し余るほどでした。

3日目の夕方、広い谷の入り口に着きました。

この谷をずっと抜けて目的地の村に着くことになっています。ここから先の道は、豊かな土壌で、人口も相当ある盆地を走っています。

この村は、私たちが調査にやって来たこの国のちょうど心臓部に位置しているため、これまでよりも、さらに長期にわたって、いろいろな人たちと毎日接触したいという私たちの望みも叶えられる機会も多いだろうと思い、この村を冬の滞在地と決めたのです。

今までにさまざまな土地で会ってきた大師たちのほとんどが、実はこの村の住人なのです。この大師たちから、遊びに来るようにとの温かいお誘いを受けていました。ここへ冬中泊まれば、大師たちの日常生活を、さらに身近に観察する機会も多いことでしょう。11月20日にこの村に到着し、降雪のために旅行が困難になるまでは、この村を中心にして方々に度々短い旅行をしたものです。

とても居心地の良い宿を与えられ、村人も非常に親切なので、この村の生活の中に入り込んでいく心構えもできました。村人たちは、自分の家の鍵の留め金をいつも外して、家庭という家庭をすべて私たちに開放してくれました。彼らはすべての人間を兄弟と思っているようです。

その時分、以前会ったことのあるこの村の女性から、一緒に暮らしてみてはどうかと勧められました。

私たちの方は、今のままでも充分に住み心地が良いので、今さら面倒を掛けるのはどうかと思ったのですが、彼女の方は、少しも面倒ではないというので、私たちは荷物ごと彼女の家に移り、残りの滞在期間中、そこを私たちの住処にしました。

彼女に初めて会ったときのことを、私は決して忘れないでしょう。それは、国境付近の小さな町でした。初めて彼女を見たとき、私たちは、彼女を18歳は超えていないだろうと推測しました。それにしても、なんと美しい女性であることか。

ところが、実は彼女の年齢は400歳を超え、多くのマスターたちのあいだでも、一番愛されている方だと聞かされました。

その時の私たちの驚きは、大変なものでした。

彼女はこの仕事に全生涯を注いでいます。実は私たちは、それまでに2週間ものあいだ、毎日彼女と接触していたのですが、彼女の家で会って初めて彼女の本当の人柄が判ったのです。

その家に住んで毎日交流してみて初めて人々に愛される理由が判りました。どんな人でも、彼女を愛し敬わずにはいられないのです。結局12月21日から翌年の4月まで、私たちはこの女性の家に住み、彼女の食卓で食事をしました。

私たちは彼女の家庭生活や、この村の数人の人々の家庭生活を観察する機会を充分に与えられましたが、その生活は、実に理想的なものでした。

こうした人々すべてを知れば知るほど、彼らに対する私たちの敬愛は、いやがうえにも増すのです。

彼らの年齢なども、すべて戸籍で証明する機会が充分にありました。この土地の戸籍もまた、私たちの戸籍同様、間違いや矛盾した記載などは一切ありませんでした。

第24章

大晦日の儀式と奇跡の原理／無限の「動力・機関・エネルギー」の取り出し方

大師たちの村で「過ぎ越しの祭」と悟りと成道の祝典を行う

こうして時は移り行き、やがて12月31日となり、一年はまさに幕を閉じようとしていました。

私たちは、これから事実上大師たちだけが参加する儀式があって、それに若干の人たちが集まって来るのに気づいていました。毎日私たちは、この人たちに紹介されましたが、その全員が英語を話しました。

私たちは、自分自身がもうこの村の一部になったように感じていました。ある日、この行事が大晦日《おおみそか》の夜に行われると知らされ、私たちも出席を勧められました。

この行事は外部者のためのものではありませんが、といって秘密でもなく、もともとこの方々の集会には、個人的な性質のものはないそうです。

この「聖なる道」に真剣な気持ちで入り、相当なところまで進んでいて、この道を生き抜く熱望者たち、高度の得度を受け、そのために自分の生活がどうなっていくかということもすでに覚悟している人々のために、この集会は催されるのです。

この行事を「過ぎ越しの祭」と呼ぶ人もいました。この祭りは、通常この時期に一定の場所で行われるもので、今年はこの場所が選ばれたのです。

行事当日は、朝から快晴でした。それでも温度計は、零度を相当下回っています。私たちは、この調査旅行で多くの興味ある体験をしてきましたが、今晩はまた新しい興味ある体験をするのだと思うと、胸がわくわくしました。

さて、いよいよ儀式が始まりました。室内の照明は、既述と同じ方法で灯され、非常に美しいものでした。

前に一度、私たちの世話をしてくれた既述の美しい若い女性が司会をするとのことでした。私たちが着席して数分すると、彼女が入室してきました。その若さ、美しさは、今さらながら、驚嘆するばかりです。美しい純白のガウンをつけていますが、そこに衒いは微塵もありません。

彼女は、静かに小さな踏み台に歩むと、やがて語り始めました。

「私たちは、低い意識から高い意識に移ることの意義を、もっとよく理解したいという望みをもって今晩こうして参集した次第です。ここにその準備をまっとうされた方々を歓迎します。

初めにあなた方が私たちのすることを畏れと驚きをもって眺め、不思議に思い、興味からわたくしたちに従って来たとのことでした。しかし今や、あなた方はこれらのことを、実は神がわたくしたちすべてに望み給う、日常生活における当たり前の茶飯事とみなすべきことを、学びとったのです。わたくしたちが摩訶不思議なことをやって来たわけではないことが、ようやくあなた方にも納得できたのです。

あなた方は、今ではもう自分たちのしていることの本当の霊的意義を悟っています。本当の霊的側面から働く心は、常にすべての物を観ずるに、その奥にある完全なる実相をもってするのです。その時、偉大なる奥深い意義が啓示されるのであって、なにも特別な神秘というものは無く、従って摩訶不思議も奇跡もありません。

この低い意識から高い意識に移ってゆくということは、不調和のみが支配している物質的なものを排除し、すべてがただ美しく調和且つ完全であるキリスト意識になることを意味します。これこそが、自然の生き方、神が見給う生き方であり、且つまた、イエスがこの地上においてあのように美しく範を垂れた道なのです。その他のものはすべて不自然であり、利己的な道であり、困難な道です。そうと判れば、キリストの道を生きることが、極めて容易に、極めて自然になるのです。

その時私たちは、キリスト意識の中に入ります。さて、ただ今こうして料理が並んでいますが、それはわたくしたちが会して寿《ことほ》ぐ唯一の行事です。これは俗な心の人たちが考えるようなものではなく、実は悟りと成道の祝典なのです。従って、それは低俗な心からキリスト意識への移行を象徴しているのです。にもかかわらず、それは現在世界の至る所で甚だしく誤解されています。わたくしたちは、すべての神の子が、この意味を本当に悟って、このような祝宴にいつかは来たることを信じています。

人間が必要とする動力をすべて供給する偉大なる普遍的パワー

肉体が完成されて肉体のままで天界に入り、そこで最高の教えを受けていらっしゃる方々のうち、数名の方が今晩ここにいらっしゃいます。その方々は、みなここである期間は肉眼でも見える形で生きた経験があり、それから現界を去って肉体のままで、俗な人々の目には見えない、意識の中のある場所に移動されたのです。

こうした方々と話を交えるためには、わたくしたちは、自分の意識をキリスト意識にまで高めなければなりません。いっぽう、自分の肉体を完全に浄化して天界にそのまま行ける方々は、わたくしたちの所へ戻ってくるのも、わたくしたちの所から去るのも、意のままです。その方々は、この現界にやって来て、ご自分たちの教えに感応する人々に教えを垂れ、自由自在に姿を現したり消したりできるのです。

私たちが教えを受ける心構えができたときに、あるいはわたくしたちの直観を通して、時にはまた個人的に直接接することによって、わたしたちに教えに来るのは、この方々です。

その中の5名の方々のうち、お一人は特にわたくしたちの愛する方です。と申しますのは、その方は、今ここに列席している方のお母さまで、わたくしたちと共にこの現界に住まれたことがあるからです（『その方』というのが、エミール師の母上であることが、後に判りました）。さあ、テーブルを囲みましょう」

暫くの間、照明が暗くなり、一同は完全な沈黙に入り、座ったまま、頭を垂れていました。

照明が再び明るくなると、五名の方、すなわち三名の男性と二名の女性が部屋の真ん中に立っていました。五名とも白衣をまとい、その身辺から柔らかい後光が放たれ、文字通り、輝く美しさでした。

やがて静かに歩み出すと、それぞれのテーブルに空けてあった上席に座りました。エミール師の母君は私たちのテーブルの上席につき、隊長がその右、エミール師が左の席に座りました。

五名の方が席に座り終わると、食べ物が現れ始めました。それは野菜、パン、果物、ナッツなどの質素な食事でしたが、とても美味しいものでした。

食後の話は、主としてこの催しに集まって来た人々に対する教えでした。話は土地の言葉でなされ、ジャストが翻訳してくれました。その内容は、ほとんどがこれまで語られてきたことなので、ここでは割愛します。

最後に話をしたのがエミール師の母君で、完璧な英語を使い、澄み切った声で明確な話しぶりでした。

「わたくしたちは、世間の人々なら、嘲笑うような各種のパワーを毎日使っています。このようなパワーを現にこの目で見、且つ使用する特権を与えられているわたくしたちは、このような完全なものが手近にあって活用されるのを待っているのに、人々が誤った考え方のために、活用もしないで、生活圏外に疎外していることを彼らに見てもらい、知ってもらうために、自分にできることをやっているのです。これらのパワーを人々が活用するようになれば、これまで俗世間が死に物狂いでしがみついてきたものよりも、遥かに真実で遥かに生き生きとしていることにすぐ気がつくでしょう。

人間は有限で卑俗な五官で見え、感じ、触れるからといって物質的なものにしがみついてきたのです。

この部屋やあなた方の部屋の居心地の良さ、たとえば照明と温度など、それに、あなた方が食べたものでさえ、このパワーでできているのです。あなた方は、それを光線、あるいはその他なんとでも名前をつけられるでしょう。わたくしたちは、それを偉大なる普遍的パワーとみています。このパワーに人間がアクセスするなら、それは、蒸気や電気、ガソリンや石炭よりも遥かに効率の高い作業をしてくれるでしょう。それでも、このパワーは他にもある同様なパワーに比べると、一番低い方なのです。

このパワーは、人間が必要とする動力をすべて供給するだけでなく、一ポンドの燃料も使わずに、どんな時でも、どんな場所でも、必要な作業に熱も供給するのです。その上、完全無害です。というわけで、これにアクセスして利用するなら、現在不可避とされている多くの騒音や混乱も無くしてしまえるでしょう。

このパワーは、実際あなた方の周囲の、文字通りすぐ傍にあって、あなた方のアクセスと利用を待っているのです。その使用は、蒸気や電気よりも遥かに簡単です。人間にそれができたとき、これまでいろいろ工夫してきた動力や機関が、低俗な考えでやってきた間に合わせに過ぎなかったことが判るでしょう。

人間はこの動力や機関を自分の力で生みだしたと思い、誇ってきました。しかし、実は低劣な感覚器官で接触し得たものだけしか生みだせなかったのです。人間は、不完全なものを生みだしただけなのです。もしも人間が、すべては神のものであり、神から出たものであって、人間を通して表現されたものだということが判れば、今後人間の生みだすものはすべてが完全となります。

人間は自由意思があるために、自ら好き好んで困難な道を選んだのです。

人間は、神の子であることを悟って、神の所有するすべてを使用しようとはせず、依然として今後も困難な道を続けていくでしょう。そして、遂に、こんな難しいやり方ではなくて、もっと他に良い方法があるはずだ、いえ、事実あると悟らざるを得なくなるでしょう。こうして結局、神の道が唯一の道であることが判るでしょう。その時初めて人間は、神が自分を見るように、完全を表現するようになるでしょう。

あなた方は、内在の父なる神に帰還して、すべての善きものをそこから引きだすべきであり、自分の性質に在るすべてのパワーは、神我から働きだすべきであることがお判りになったのではないでしょうか。すべての表現にはまず、内在の父なる神が先行しなければなりません。そうしなければ、完全なるものが表現されること、現れることはできないでしょう」

「一なるもの」に帰するという意味

ここで、隊員の一人が、私たちの想念や言葉は、私たちの生活にどのような力を及ぼすかと質問しました。それに対し、彼女は片手を差し出しました。

すると、彼女の手のひらに、小さな一個の物体が忽然と現れました。

「この小石をこの鉢の水の中に落としてみましょう。小石が水にぶつかったところを中心に次々と波紋が描かれ、しまいには、鉢の縁すなわち水の外側の端まで及ぶのが判るでしょう。その端では、一見すると、波紋は力を失ってそこで停止します。しかし、本当のところはこうです。波紋が水の端までいくと、すぐに元の中心に向かって戻りだし、戻りつくまでスピードを緩めません。これは、私たちが考えたり発したりする想念や言葉を正確に象徴しています。

想念や言葉というものは、波紋に相当する波動を引き起こして、円を描いて次々と波及し、遂には宇宙を巡って再びその発信者に戻ってくるものです。善かれ悪しかれ、私たちの考えや言葉は、それを発したときと同じように、確実に私たちに戻ってくるものです。

この戻ってくる原理が、あなた方の聖書でいうところの、審判の日なのです。『毎日がその審判の日となるであろう』というのが、すなわちそれです。発した言葉や想念の善悪にしたがって、審判も善あるいは悪となります。

すべての想い（想念であれ言葉であれ）は、種子となり、それが発せられ、魂に植え付けられ、心の中に保持されて観念となり、後に具体的な形となって現れてきます。完全な想念は完全をもたらし、不完全な想念は不完全をもたらします。

種子を植えておけば、太陽と地球が協力して、巨大な菩提樹でも、一番小さな花でも、同じように造りだします。それと同じように、魂やスピリットも、人間の求めに応じて、言葉や観念によって求めるものを人間に与えるのです。せっかくの天界に物質的な考えという霞《かすみ》を張り巡らしたために、ただそれだけのために、人間は天界から離脱してしまったのです。またそのために、神から出たものを、すべて例の神秘で取り巻くようになってしまったのです。しかし、この神秘の幕も次第に引き上げられて、実際には神秘などというものは存在しないことが、判りつつあります。

種々さまざまな教会組織を造り上げた人々は、もっと大衆を支配しようと考えて神からいずるものを神秘で取り巻いてしまう方が便利だと考えたのです。しかし今では、神からいづる深いものは、すなわち生命からいづるのであって、現実的で単純なものであることを、すべての人々が悟りつつあります。

もしそうでなければ、せっかく神からいでたものも、なんの役に立つでしょう。

教会というものが、実は人間の中に在るキリスト意識、人類という神の自己実現の中心を象徴するものだということを皆が悟りつつあるのです。

また、卑俗な考えによって造り上げられた偶像崇拝を廃し、理念を理解しつつあります。各地に発生している膨大な数にのぼるキリスト教以外の組織をごらんなさい。今のところ、相互の差は大きく、種々さまざまですが、いずれは「一なるもの」に帰することになるのです。その一なるものは、教会を真の悟りに導くためにできたのではないでしょうか？

肉体を完全に浄化して思いのままに肉体を出現・消滅させられるわたくしたちは、いわゆる天界を見、またその中に住める特権を持っています。この界は多くの人たちに第七天として知られているもので、神秘と考えられていますが、これもまた人間の低俗な心の誤りです。神秘などというものはありません。

わたくしたちは、ただ、最高の教えを受けられる意識の中の場、すなわちイエスが今いらっしゃる場に到達しただけなのです。それは、人間がいずれは死ななければならないという考えを消し去ってしまえば、不死永生が得られると知る心、人間とは神のように、また神が人間を見るように、永生、無罪、不死、不変、久遠であると知る意識の中にある場です。

キリストのあの変貌の真の意味が判る場、神と感応、霊交し、神に直面して神を見る場です。どんな人でも受け入れ、わたくしたちのようになれると知る場です。いずれはすべての人々の意識が遠からずしてわたくしたちと共に顔と顔、目と目を合わせて共に語ることのできる階層まで上昇することを、わたくしたちは知っています。わたくしたちが、彼らの視界からいなくなるのは、わたくしたちの意識が低俗な人間の意識以上に高まったからにすぎず、そのためにわたくしたちは低俗な意識の人々にだけは見えなくなるのです。

わたくしたちは三つの出来事を期待しています。

一つは遠い過去に起こったことで、あなた方にとっては人間の中にキリスト意識が誕生したこと、嬰児イエスの生誕を意味します。次に、あなた方の偉大なる国家がキリスト意識を認容し実現したあかつきに現れてくるものです。第三の、そして最後のものですが、これこそ、あらゆる栄光の中でも最大なものです。すなわちキリストの再臨、最後の来臨です。

その時こそ、人々はみな、内在のキリストを認容してこのキリスト意識の中に生き、キリスト意識を開顕し、百合の花のように成長するのです。これが、贖い(at-one-ment)、すなわち神と一つになることなのです」

以上でお話は終わり、合唱団の歌が始まりました。

室内は素晴らしい歌声で満たされ、やがて荘重な葬送曲で締めくくられました。しばらく沈黙が続いた後、再び爆発するかのように、歓喜に満ちた曲が合唱団によって歌いだされました。やがてそれは各節ごとに、巨大な鐘の響きにも似た底力のある歌声で結ばれました。

それが12回鳴り響いたとき、初めて気がつきました。すなわち、今がちょうど12時で、新たな年が明けたのです。

こうして、この驚嘆すべき人々と生活を共にした私たちの一年はここに終わりを告げました。

著者：ベアード・スポールディング　Baird T. Spalding
1872年ニューヨークに生まれる。
1894年、科学者を含む11人の調査団とインド、チベットへ旅し、そこでヒマラヤ聖者たちの行う様々な超人的御業を目にする。この体験をまとめた記録は1924年に出版され、現在に至るも世界中で高い評価を受け続けている。日本では『ヒマラヤ聖者の生活探究』の題で親しまれている。
1953年、80歳で死去。

訳者：成瀬雅春　なるせ まさはる
ヨーガ行者、ヨーガ指導者。1976年からヨーガ指導を始め、1977年２月の初渡印以来、インドを中心にアジア圏を数十回訪れている。地上１メートルを超える空中浮揚やシャクティチャーラニー・ムドラー（クンダリニー覚醒技法）、心臓の鼓動を止める呼吸法、ルンゴム（空中歩行）、系観瞑想法などを独学で体得。2001年、全インド密教協会からヨーギーラージ（ヨーガ行者の王）の称号を授与される。2011年６月、12年間のヒマラヤ修行を終える。成瀬ヨーガグループ主宰。倍音声明協会会長。朝日カルチャーセンター講師。主な著書に『ヒマラヤ聖者が伝授する《最高の死に方＆ヨーガ秘法》』（ヒカルランド）、『クンダリニーヨーガ』『ハタ・ヨーガ 完全版』（ともにBABジャパン）、『インド瞑想の旅』（中央アート出版社）、『仕事力を10倍高める』シリーズ（PHP研究所）は韓国でも発刊、監修に『あるヨギの成功の黄金律』（フォレスト出版）など。

〔問い合わせ先〕
〒141-0022　東京都品川区東五反田2-4-5　藤ビル５階
成瀬ヨーガグループ
E-mail　akasha@naruse-yoga.com
URL　https://naruse-yoga.com/

＊本作品は2013年７月、ヒカルランドより刊行された『［実践版］ヒマラヤ聖者への道Ⅰ　１ 時空を超越する人々』の新装分冊版です。

新装分冊版［実践版］ヒマラヤ聖者への道1
時空を超越する人々

第一刷 2022年2月28日

著者 ベアード・スポールディング
訳者 成瀬雅春

発行人 石井健資
発行所 株式会社ヒカルランド
〒162-0821 東京都新宿区津久戸町3-11 TH1ビル6F
電話 03-6265-0852 ファックス 03-6265-0853
http://www.hikaruland.co.jp info@hikaruland.co.jp
振替 00180-8-496587

本文・カバー・製本 中央精版印刷株式会社
DTP 株式会社キャップス
編集担当 小澤祥子

ISBN978-4-86742-041-6

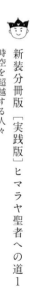

『3　深奥の望みを実現する法則』
宇宙一切を救う方策
この本一冊あれば《すべて》が手放せる
成瀬雅春〈エミール師と私〉第二話収録
　四六ハード　予価 3,000円＋税

『4　奇跡と創造の原理』
宇宙の全貌［I AM］へ大悟すれば
あなたは神そのものとなる
〈船井幸雄と『ヒマラヤ聖者の生活探究』〉第二話収録
　四六ハード　予価 3,000円＋税

『5　久遠の生命』
すべては光、すべては波動
内なるキリストに目覚めた者に流れ込む超パワー
成瀬雅春〈エミール師と私〉第三話収録
　四六ハード　予価 3,000円＋税

『6　完全なる調和と統合へ』
空間移動、食物の無限供給、肉体の消滅
人間の超人への飛翔を後押しする本邦初訳の瞠目の書
〈船井幸雄と『ヒマラヤ聖者の生活探究』〉第三話収録
　四六ハード　予価 3,000円＋税

◉船井幸雄氏が絶賛してやまない永遠の聖なる書『ヒマラヤ聖者の生活探究』が、エミール大師を師とする成瀬雅春氏のリアル新訳で蘇る！
◉愛と光の超人となって、すべての困難をスルーして行こう！
そのためのノウハウは全部この本に記されている
◉実践するためには、お金も物もマスターと出会う必要もない
あなたの中に元々ある魂に磨きをかけるだけ
◉ヒマラヤ聖者のパワーは、イエスが使った「神の力」と同じものであり、その力は、今ここで、あなたに使われるのを待っている！
◉日本未訳の第6巻が加わって、ついに完結！

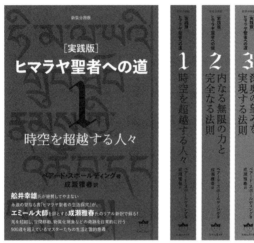

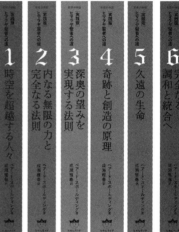